Zuid-Amerika
LANDEN EN VOLKEREN

Zuid-Amerika

LANDEN EN VOLKEREN

Brazilië
Colombia
Peru
Ecuador
Bolivia
Paraguay
Chili
Argentinië
Uruguay

UITGEVERSMAATSCHAPPIJ THE READER'S DIGEST N.V., AMSTERDAM
NV READER'S DIGEST S.A. BRUSSEL

Zuid-Amerika

LANDEN EN VOLKEREN

Tekst en foto's zijn gebaseerd op de serie 'Beautés du Monde', uitgegeven door Librairie Larousse en verzorgd door de redactie van Larousse in Parijs.

De Nederlandse editie is vertaald en bewerkt onder redactie van
J. Honders
met medewerking van
H. Heldring en P. Postema

De vormgeving en het zetwerk zijn verzorgd door Boek/Design bv; het drukken en binden door Milanostampa te Farigliano, Italië

ISBN Serie: 906407 160-8
ISBN Deel Zuid-Amerika: 906407 161-6
Wettelijk depot in België: D / 1988 / 0621 / 26

Printed in Italy

Inhoud

▲*Het carnaval van Rio de Janeiro is ongeëvenaard.*

▲*De riem van de gaucho is weelderig versierd.*

Inleiding

In deze uitgave 'Zuid-Amerika' wordt aandacht besteed aan de voornaamste landen en volkeren van dit continent. Boeiende teksten en foto's geven een beeld van de overweldigende natuur en de fascinerende mensen die daarin en daarmee leven.

Landschap en klimaat worden in dit deel van de wereld voor een belangrijk deel bepaald door de reusachtige bergketen van de Andes, de Cordilleras de los Andes. Van het uiterste noorden van Colombia tot aan de Zuidamerikaanse zuidpunt Tierra del Fuego of Vuurland strekt dit gebergte zich over meer dan 8000 km uit, terwijl het in Bolivia een breedte van 600 km bereikt. De Andes mag misschien over het geheel genomen een smal gebergte zijn, de hoogte van de toppen is opvallend, met enkele tientallen boven 5400 m. Het hoogland van de Andes, de *altiplano,* strekt zich van Zuid-Peru tot het noorden van Argentinië uit en omvat in Bolivia o.a. het Titicacameer, de hoogst gelegen bevaarbare watervlakte van de wereld.

Het gebied ten oosten van de Andes wordt door nog drie bergstreken beheerst: in het noorden het Hoogland van Guyana, in het oosten het Hoogland van Brazilië en in het zuiden het Hoogland van Patagonië. Deze vaak blokvormige bergmassa's eindigen soms in duizelingwekkende afgronden, waarin zich indrukwekkende watervallen storten, zoals de Iguaçu-vallen op de grens van Brazilië, Argentinië en Paraguay. Samen met de Andes vormen deze gebergten het Zuidamerikaanse Schild. Berucht is de vulkanische activiteit in het Zuidamerikaanse bergland: er bevinden zich talloze werkende vulkanen en vooral in Chili en Peru worden regelmatig aardbevingen waargenomen.

De meeste grote rivieren, die voor dit werelddeel van levensbelang zijn, zoals de Orinoco en de Amazone, vinden hun oorsprong in de Andes en stromen min of meer van west naar oost. Alleen het rivierenstelsel van de Paraná en Paraguay vormt een noord-zuidverbinding. De drie grootste rivierenstelsels monden alle drie in de Atlantische Oceaan uit; geen enkele grote rivier stroomt naar de Grote Oceaan. De Amazone is de levensader van het Amazonegebied, het grootste regenwoud ter wereld met een oppervlakte van circa 6,5 miljoen km^2. Door kappen en het winnen van mineralen zijn grote stukken van dit oerwoud verwoest, wat niet alleen een ernstige verarming van de natuur heeft betekend, maar ook de dood van de mensen die er woonden, de oerwoud-Indianen: van het oorspronkelijke aantal van meer dan een miljoen zijn er nog slechts enkele tienduizenden over.

▲*In het uiterste noorden van Chili vormen besneeuwde bergtoppen de achtergrond van de magere graasgronden van de lama's.*

Ten noorden en ten zuiden van het Amazonebekken strekken zich de eindeloze savannen uit, die in Argentinië pampa's worden genoemd. Deze vormen de fraaiste wéidegebieden op aarde, terwijl een belangrijk deel tegenwoordig ook voor het verbouwen van graan wordt benut.

Het afwisselende landschap is verantwoordelijk voor een enorme variatie in klimaat. Weliswaar ligt het grootste gedeelte in de tropische zone, maar er zijn ook matig warme en uitgesproken koele streken. Het Amazonegebied is warm en vochtig, met in het Braziliaanse Manaus een constante temperatuur van rond de 27°C. Het regent hier veel en de jaarlijkse neerslag bedraagt

▼*Indiaan met rood geverfde haren.*

▲*Karakteristieke plantengroei in de Colombiaanse Andes.*

▲*Dit borduurwerk is een specialiteit van Paraguay.*

▼*Lichaamsbeschildering bij de Xikrins van Brazilië.*

in het oerwoud meer dan 2000 mm per jaar. Naar het zuiden toe wordt de invloed van de zee voelbaar en is er duidelijk verschil te merken tussen zomer (december-maart) en winter (juni-september). Bij Tierra del Fuego, op een breedte van circa 55°, zorgt de relatief warme golfstroom er daarentegen weer voor dat er nooit vorst is. De koude oceaanstromen van de Grote Oceaan maken dat in Peru en Chili weinig regen valt.

De plantengroei en de dierenwereld van Zuid-Amerika zijn al even gevarieerd als het landschap. Het rijkst aan soorten is het Amazonegebied, waar naast lianen en epifyten in de periodiek overstroomde bosgedeelten palmbomen en de rubberboom welig tieren, en in de drogere gedeelten de cacaoboom en de paranoot. De mondingsgebieden van de rivieren herbergen mangrovebossen. In de savannen bestaat de begroeiing, behalve uit grassen, uit palmen en cactussen. In de gebergten vindt men op de hoogvlakten boomloze steppen en op beschutte plaatsen de vermaarde araucaria-bossen. In de nevelzone groeien kinaboom en koningspalm. De dierenwereld telt vele soorten die uitsluitend in dit werelddeel worden aangetroffen, zoals lama, brilbeer, manenwolf, spinaap en zeekoe wat de zoogdieren betreft. Maar ook onder de vogels en vissen zijn vele soorten die nergens anders ter wereld voorkomen, om nog maar niet te spreken over het legioen van insekten, waaraan met name het Amazonegebied zo rijk is.

▲*Panorama van Rio de Janeiro, gezien vanaf de top van de Suikerberg, de bekendste berg van de granietbergen (morros), die het strandje van Vermelha en de grote baai van Copacabana omringen.*

BRAZILIË

Wat onmiddellijk aan Brazilië opvalt, is de enorme uitgestrektheid van het land. Het beslaat bijna de helft van het Zuidamerikaanse continent en meet zowel van noord naar zuid als van oost naar west ruim 4300 km.

Bij aankomst in Brazilië is de uitgestrektheid van het land direct voelbaar. Zelfs in vergelijking met de Verenigde Staten van Amerika, waarvan de oppervlakte toch vele malen groter is, geeft Brazilië de reiziger het gevoel bevangen te worden door de duizelingwekkende ruimte van het land.

Eindeloze stukken niemandsland zijn nog steeds gescheiden van de bewoonde wereld en geen enkele *Trek naar het westen* zal ooit een Braziliaans Californië doen ontstaan. Dit wordt onmogelijk gemaakt doordat de westelijke grenzen van het land verborgen liggen in de ontoegankelijke *selva* (het dichte oerwoud) van het Amazonegebied.

Van de Braziliaanse bevolking woont 90% in de oostelijke kustgebieden, voornamelijk in het middengedeelte en in het zuiden (Belo Horizonte, Rio de Janeiro, São Paulo, Pôrto Alegre en in de andere zuidelijke hoofdsteden), en tevens, maar in veel mindere mate, in de oostelijke punt van het land (Salvador, Recife, Fortaleza), dat het *Nordeste* vormt.

Tot aan de ontwikkeling van de handelsluchtvaart was de Atlantische Oceaan vrijwel de enige verbinding tussen de nederzettingen van het zuiden en die van het noorden. Aan het begin van deze eeuw konden de rubbermagnaten van Manaus, midden in het Ama-

►*Rio de Janeiro bezit één van de mooiste baaien ter wereld, de Guanabarabaai, waaruit hier en daar puntige eilandjes oprijzen. Hiervandaan ziet men het karakteristieke silhouet van de Suikerberg als een baken opdoemen.*

zonegebied, heel wat sneller in Liverpool of Le Havre komen dan in Rio of Santos. Via de Rio São Francisco was het wel redelijk goed mogelijk stroomopwaarts te varen van Minas Gerais naar het hart van Pernambuco, maar het was een enorme reis.

Het is een wonder dat de eenheid van het land zo goed bestand is geweest tegen dergelijke verbindingsproblemen en ondanks verschillende plaatselijke revoluties. De verklaring daarvoor ligt in de geschiedenis. Als enig Latijnsamerikaans land waar Portugees wordt gesproken, was Brazilië zich al heel vroeg bewust van haar eigen identiteit met betrekking tot de Spaanssprekende buurlanden. De aanzienlijke Afrikaanse invloed en de snelle vermenging van de rassen hebben haar etnisch afzonderlijke positie nog eens versterkt. Ten slotte heeft de keizerlijke kroon, die tot 1889 van generatie op generatie werd overgedragen, de eenheid in het land, gelegen te midden van negentien verbrokkelde en vechtlustige republieken, extra gestimuleerd. Daaraan moet een sterk gevoel van solidariteit worden toegevoegd, doordat de Brazilianen altijd samen hebben moeten strijden voor een groot gebied tegen allerlei invloeden van buitenaf.

De betrokkenheid tussen de mensen en de natuur in een land waar alles mogelijk schijnt te zijn, heeft gezorgd voor een groot optimisme en een enorme dynamiek. *In Brazilië is alles mogelijk* is een van de meest bekende nationale slogans. De trots dat uit de vele tropische rassen één geheel nieuw ras is ontstaan met uitgesproken eigen trekken, heeft het gevoel van eigenwaarde nog eens extra versterkt. En het is zonneklaar dat geen van de andere Latijnsamerikaanse staten er beter in is geslaagd een smeltkroes van immigranten te vormen tot een zo sterke eigen identiteit als in Brazilië het geval is.

De Braziliaanse levenswijze mist evenwel de agressiviteit van de Noordamerikaanse en Japanse samenlevingen om snel tot grote welvaart te komen. Dit heeft alles te maken met het karakter van de Braziliaan. Deze is emotioneel, nonchalant enerzijds, wreed en meedogenloos anderzijds, maar van nature poëtisch. Dit in tegenstelling tot de Noordamerikaan en Japanner, die veel rationeler zijn. De Portugese achtergrond, die belangrijk is om de Braziliaan te begrijpen, heeft een type mens gevormd dat zowel koppig als dromerig is, ondernemend als wel omzichtig en altijd bereid tot een compromis. De Afrikaanse invloed heeft deze Portugese karaktertrekken verfijnd door ze te verrijken met zijn vreugde – uitbundig naar buiten, melancholisch van binnen. De overige immigranten, Italianen, Duitsers, Balkanbewoners, Japanners, Syriërs, Libanezen en joden, waren niet talrijk genoeg om wezenlijke invloed uit te oefenen op de Braziliaanse cultuur.

Rio de Janeiro

Als een stad zich ooit bij de eerste aanblik op schoonheid kan beroemen, is het wel deze. Er is geen twijfel over mogelijk of hier bevindt zich de allermooiste baai van de wereld. Prachtige heuvels en bergen rijzen heel steil uit land en zee op in bijzonder vreemde, onwaarschijnlijke en onvergetelijke vormen. Schitterende eilanden steken boven de smaragdgroene oceaan uit en imposante stadswijken vertonen trots hun steile betonnen wanden, die opdoemen te midden van een natuur die nog ongerept lijkt te zijn.

Niet alleen de bezoeker van Rio wordt geboeid door de bekoring van het landschap. Ook haar bewoners zijn een en al eerbied voor hun omgeving. Zij noemen zichzelf *Cariocas*, naar een oude Indiaanse naam voor de stad die 'Huis van de Blanke Man' betekent. Voor hen is Rio de *Cidade Maravilhosa* ('Wonderbaarlijke Stad') en *Belacap*, de 'Mooie Hoofdstad', tegenover *Novacap*, de 'Nieuwe Hoofdstad': Brasília.

De reis per taxi of per touringcar tussen de luchthaven van Galeão en het centrum van de stad kan enigszins teleurstellend zijn. Als men geen tijd heeft gehad te genieten van een algemeen overzicht van de stad, verdient het aanbeveling snel de Corcovadoberg te beklimmen en aan de voet van het reusachtige beeld van Christus, die Zijn armen zegenend uitstrekt over het verbazingwekkende landschap, te genieten van het panorama en de schoonheid van dit prachtige gebied. Deze ervaring is trouwens noodzakelijk om zich een goed beeld te vormen van de merkwaardige topografie van Rio de Janeiro.

▲*Het symbool van de voortdurende evolutie van Rio de Janeiro, de Glóriakerk, met haar ouderwetse charme, en een fontein waarin de 'Drie Gratiën' een moderne indruk maken.*

Aan de linkerzijde van het Christusbeeld bevindt zich het zakencentrum dat overgaat in eindeloze buitenwijken, waar hoge gebouwen uitsteken boven de haven. Hoewel de brede lanen (Roco Branco, Presidente Vargas) de stad op een weinig originele manier in blokken opdelen, blijft er hier en daar ook nog ruimte over voor smalle, pittoreske straatjes en klokketorens in barokstijl. Want deze wijk van kantoren, banken en overheidsinstanties is ook het gebied waar zich de kolo-

▲*Omdat dit neogotische kasteel vroeger een douanepost was, heet dit kleine eilandje in de Guanababaai, dat door een dam met het vasteland is verbonden, Ilha Fiscal.*

▲*De indrukwekkende massa van Morro da Urca, waarachter de Suikerberg als een schildwacht waakt, beschermt de kwetsbare plezierbootjes van de Jachtclub van Rio de Janeiro tegen de wind uit zee.*

niale voetsporen bevinden en de herinneringen aan het Rio uit het Belle Époque. Een en ander is echter nogal in de verdrukking geraakt door de overdaad van wolkenkrabbers.

Dit geldt voor de betoverende Santa-Luziakerk uit de 18de eeuw, voor het voormalige Ministerie van Onderwijs (tegenwoordig het Paleis van Cultuur) – het werk van Le Corbusier, Lucio Costa en Oscar Niemeijer (1936) en stellig het meest geslaagde bouwwerk van Rio – alsook voor het klooster van Santo Antonio, dat in 1615 werd ingewijd.

Het echte historische centrum bevindt zich rond het Praça XV de Novembro, waar het ruiterstandbeeld van João VI - de Portugese vorst die, verdreven door Napoleon, zijn hof en zijn regering naar Rio de Janeiro overbracht – in stilte over de haven uitziet, terwijl zich daarachter de beroemde gebouwen bevinden van het voormalige paleis van de onderkoning en van een karmelietenklooster, waarvan echter de charme geheel verloren is gegaan, aangezien het eerste is veranderd in het hoofdpostkantoor en het tweede in de juridische faculteit.

Terwijl het adembenemende basiliekje van de Glória, hoog gelegen op een rots, niet aan de aandacht kan ontsnappen, is het prachtige klooster van São Bento door de oprichting van een groot aantal nieuwe gebouwen aan het oog onttrokken. Het is eveneens gebouwd op een *morro* (heuveltje) in de buurt van het rumoerige Praça Mauá, al staat het daarmee vanwege haar verstilde eenzaamheid in schril contrast.

Om de charme te vatten van het oude Rio zoals het eruit zag in de vorige eeuw en om haar nog bijna ongeschonden beeltenissen terug te vinden, gaat men naar de Rua Ouvidor, de oudste handelsverkeersader van de stad, om vervolgens de daar omheen gelegen 20ste-eeuwse wijk te doorkruisen. Na een blik te hebben geworpen op de pracht en praal van het Stedelijk Theater, een bescheiden kopie van de Opéra van Parijs, gelegen aan het Praça Marechal Floriano – beter bekend onder de naam *Cinelandia* – betreedt men het schuin aflopende doolhof van de twee oudste woonwijken van Rio: Santa Teresa en Cosmo Velho.

Het indrukwekkende viaduct dos Arcos, waarvandaan de laatste tram van de stad vertrekt, leidt rechtstreeks naar Santa Teresa, waar de rijke *Cariocas* uit de vorige eeuw hun zomerhuizen lieten bouwen in de koelte van het gebladerte. Hier bevindt zich een netwerk van steile straatjes, met ouderwets aandoende geveltjes in zachte kleuren en fantastische uitzichtspunten, zoals die van de Chácara do Céu, de verblijfplaats van de maecenas Castro Maia, die hier behalve oude kunstwerken ook hedendaagse schilderijen verzamelde.

Als men de eerste uitlopers van de Corcovadoberg via de Rua des Laranjeiras beklimt – dicht bij het paleis van Guanabara, de voormalige residentie van prinses Isabel, dochter van de laatste keizer Dom Pedro II –, vindt men er dezelfde aristocratische sfeer, misschien minder verwelkt, terug. Vervolgens bereikt men de Rua Cosmo Velho, waar het kostelijke Largo do Boticário op uitkomt. Aan de overzijde verdelen de heuvels van Silvestre stukken tropisch woud in weelderige parken, met daaromheen prachtige, lu-

▲*De Braziliaanse zon zorgt ervoor dat de inwoners van Rio, de Cariocas, het hele jaar door van het strand van Copacabana kunnen genieten.*

xueuze villawijken. Een kabelbaan leidt omhoog, onder plantengewelven door, tot aan het Belvédère van de Corcovadoberg.

In 1931, het jaar waarin het kolossale, door de Franse beeldhouwer vervaardigde beeld van Christus de Verlosser op deze berg werd opgericht, wees de rechterhand van het beeld een landschap aan waarin nog nauwelijks iets was gebouwd in vergelijking met het centrum van de stad, waarheen de linkerhand wijst. In de richting van het zuidoosten, langs de baai, strekt de stad zich uit langs het strand van Flamengo, waarlangs zich luxueuze vooroorlogse flatgebouwen bevinden. Dit is de wijk van Catete, waar het presidentiële paleis opdoemt, waarin Getúlio Vargas zich in 1954 van het leven beroofde. Dan volgt de wijk Botafogo, die in zijn provinciale bekoring nergens voor onderdoet, behalve voor het kleine aangrenzende schiereiland van Urca, waarvan de huizen met hun tuintjes zijn gelegen aan de voet van de beroemde Suikerbroodberg (Pão de Açucar).

Aan de overzijde van de enorme rots die als een trotse schildwacht waakt over de kalme wateren van de baai en de onstuimige golven van de oceaan, strekt zich, over een gebied van zes kilometer, het strand van Copacabana uit. Enkele in verval geraakte villa's herinne-

▶*Ten westen van Rio de Janeiro heeft de verstedelijking het lange strand van Ipanema omringd door een onafgebroken rij flatgebouwen.*

▲*Op meer dan 700 m hoogte bekroont een imposant Christusbeeld van beton, van de Franse beeldhouwer Landowski, de Corcovadoberg.*

ren nog aan de tijd dat de Copacabana niets anders was dan de badplaats van Rio, maar nu is het een van de dichtstbevolkte gebieden op aarde.

In de loop van de jaren viel de rustige sfeer van dit oord ten deel aan Ipanema, een kleine aangrenzende baai, tot ook dit slachtoffer werd van stedelijke projectontwikkeling en op zijn beurt werd opgevolgd door het nabijgelegen Léblon. Tegenwoordig strekt de verstedelijking zich uit tot aan het verafgelegen Barra de Tijuca.

Een extra verrassing in deze verbazingwekkende geografie is het grote meer Rodrigo de Freitas, dat Ipanema scheidt van de botanische tuin, die terecht beroemd is om zijn 7000 verschillende soorten bomen en planten en om zijn gigantische waterlelies. Via de lange verkeerstunnel onder de Corcovadoberg door bereikt men vanaf de stranden en de villawijken van het zuiden binnen enkele minuten de haven en het zakencentrum.

Verbazing voelt men bij het gewaar worden van de prachtige omgeving van deze overbevolkte stad: een twaalftal onverwachts opdoemende heuvels, grillig van vorm die uit het gebladerte omhoog rijzen, de een tegen de ander aangedrukt: hier bevinden zich de krottenwijken, de *favelas*. De armoedigste inwoners van Rio beschikken over het mooiste uitzicht. Dit compenseert voor een deel hun tekort aan comfort en hygiëne, en motiveert hen om zo veel als zij kunnen tegen te stribbelen als zij door gemeentelijke pogingen worden gedwongen te verhuizen naar de slaapsteden van de periferie. Dat is ook wel te begrijpen! Rio blijft één van de laatste plekken van de wereld die haar armen zo'n gratis luxe te bieden heeft.

▲*Jeugdige favelanos die zich nog geen zorgen maken over hun uitzichtloos leven in ongerieflijke en ongezonde krotten.*

Umbanda en macumba

Sporen van de Afrikaanse eredienst

Een van de grootste charmes van het leven van de *carioca* is de hechte familieband waar alles om draait en die voor alle lagen van de bevolking even belangrijk is. Racistische vooroordelen, als die er al zijn, hebben in ieder geval nauwelijks invloed op het dage-

▲*De favelas zijn echte krottenwijken, die in grote wanorde tegen de steile hellingen van de heuvels van Rio zijn geplakt.*

lijks bestaan, en het strand van Copacabana is toegankelijk voor iedereen. Eens per jaar is er zelfs een nacht waarin het strand schijnt toe te behoren aan de zwarte bevolking, namelijk Oudejaarsnacht. In de loop van deze nacht gaan talloze gelovigen van de Umbanda-sekte, in het wit gekleed, met hun fleurige bootjes de zee op om rituele offers te brengen aan Iemanjá, de godin van de zee.

Deze primitieve eredienst, die beroemd is om het trillende licht van duizenden kaarsjes, het onrustbarende geroffel van tam-tams en de extatische bewegingen en geluiden van mensen, is het meest opzienbarende geluid dat uit de Afrikaanse invloedssfeer afkomstig is en de deuren van de luxe hotels van Rio weet te bereiken. Dagelijks kan de oplettende toerist op de hoek van een verlaten straat onverwachts op een merkwaardig stilleven stuiten, dat bestaat uit de kop van een haan, een sigaar en een fles *cachaça* (rietbrandewijn). De aanwezigheid van dit soort zaken wijst op een kwade macht of de bezwering ervan. Zonder al te grote problemen, maar op voorwaarde dat hij niet verstrikt raakt in de magie van de 'nachtelijke wezens', zou dezelfde toerist ook een oorspronkelijke *ma-*

▶ *De woonwijk van Ipanema, tussen de Oceaan en het grote meer van Rodrigo de Freitas.*

▲*Carnaval in Rio: de mooie kleurlinges die de alegorias ('praalwagens') sieren, zijn vaak schaars, maar kostbaar gekleed.*

cumba kunnen bijwonen. De Afrikaanse goden zijn niet zo jaloers en de 'moeders van de heiligen', die deze erediensten met een verbazingwekkend heidens-katholiek syncretisme leiden, bezitten in zekere zin alle deugden van goede christenen.

Carnaval in Rio
Competitie tussen de buurten

Het carnaval duurt niet langer dan vier dagen per jaar, maar vergt maanden voorbereiding. Het staat in Rio geheel in het teken van de competitie tussen verenigingen die zijn ge-

▲*Carnaval in Rio: elke deelnemer betaalt zijn eigen kostuum, waarvoor hij vaak het hele jaar moet sparen.*

vormd door de inwoners van een volkswijk, over het algemeen een *favela*. Hun grootste zorg is elk jaar weer de origineelste en boeiendste show te maken voor de grote optocht van zondagavond op de Avenida Rio Branco.

Een buitengewone vindingrijkheid is kenmerkend voor dit feest. De kostuums worden in de krottenwijken gemaakt en getuigen van zo'n goede, bijna onfeilbare smaak, dat ze zelfs geschikt zouden zijn voor een opera. Vermaarde ontwerpers werken er vaak aan mee, echter zonder dat daardoor het schouwspel haar eenvoudige spontaniteit verliest. Bovendien is er meer te beleven dan alleen het bijwonen van de eindeloze optocht, al vormt deze het glansnummer van het carnaval.

De coulissen zijn de buurtbals, de *gafieras*, waar de 'samba-vedetten' van het jaar optreden, terwijl de *grão fino* (de elite), de randfiguren en andere nachtbrakers van allerlei slag hun eigen vermaak organiseren in het stedelijk theater of in hun favoriete clubs.

Voor de eenvoudige mensen is het imiteren van de rijken, het nadoen van het keizerlijke hof of het zich vermommen als een gepoederde markies of een prinses uit vervlogen tijden, alleen al een reden om bij deze kermis

◄*Carnaval in Rio: vier dagen en vier nachten lang zingen en dansen de Cariocas de samba.*

►*Carnaval in Rio: het hoogtepunt van het feest is de grote optocht. Elke sambaschool presenteert hier een verschillend thema, dat maanden van tevoren is ingestudeerd.*

BAHIA DE TODOS OS SANTOS

▲*Palmbomen aan de prachtige laan die de trots is van de botanische tuin van Rio de Janeiro.*

van illusies aanwezig te willen zijn. De rijken hebben de neiging de armen te imiteren. Op Aswoensdag wordt iedereen weer op zijn plaats gezet, zonder al te veel verbittering. Men weet immers dat donderdag in zekere zin alweer de eerste dag is van het volgende carnaval.

Pétropolis, Costa Verde

Zomerplaats en groene kust

In de carnavalstijd verlaten nog meer welgestelde mensen de stad, dan er door de festiviteiten worden aangetrokken. De behoefte om gedurende het heetste seizoen in de omringende bergen op grote hoogte een luchtje te gaan scheppen gaat ver terug in de tijd. Keizer Dom Pedro II gaf dan ook zijn naam aan de stad Petrópolis, de oudste zomerplaats in de omtrek van de oude hoofdstad. Een mooie kronkelende route leidt naar de ietwat decadente vakantieverblijven.

De neo-gotische stijl van de kathedraal (1882-1925), de burgerlijke vrijgevigheid van het keizerlijk paleis, de decadente charme van de prachtige lanen, waar zich, in de aaneenschakeling van voorname verblijven, de nagebootste nostalgie van het oude continent tentoonspreidt, dit alles getuigt, op 800 m boven de zeespiegel, van de geschiedenis van een Brazilië, waar de avonden worden doorgebracht bij het houtvuur.

De tamelijk nieuwe villa's van Teresópolis, genoemd naar keizerin Teresa, echtgenote van Dom Pedro II, zijn trapsgewijs opgericht aan de voet van de Dedo do Deus ('Vinger van God'), één van de toppen van de 'serra dos órgãos'('keten van orgels'). Samen met Nova Friburgo dat door Zwitserse kolonisten is gesticht, maakt Teresópolis de trilogie van de *Carioca*-bergbewoners compleet.

De inwoners van São Paulo, die er niet van houden achter te blijven bij hun buren uit Rio, kunnen zich ook laten voorstaan op enkele hooggelegen oorden en zelfs op de hoogstgelegen gedeelten van de bergketen

▲*De mooie huizen met beschilderde gevels naar Largo do Boticário, dateren uit de tijd waarin Rio de Janeiro de hoofdstad van het Rijk was.*

langs de kust. Men vindt er Campos do Jordão, op een hoogte van 1700 m in het serra da Mantiqueira, midden in een gebied dat men geen andere naam kon geven dan het 'Zwitserland van São Paulo'. Tussen de twee grote steden, die met elkaar in verbinding staan door de 435 km lange Via Dutra, strekt zich de gehele westelijke berghelling uit, die loopt langs de vallei van de Rio Paraiba en die een schitterend domein vormt voor de liefhebbers van lange zwerftochten door de wouden van de araucaria's en tevens een ideaal gebied is voor bergbeklimmers, die zich daar kunnen meten met de indrukwekkende muren van de Agulhas Negras.

De lokale wonderbaarlijke Maagd is niet ver weg: men treft haar wat verder in de richting van São Paulo aan, omgeven door ex-voto's, medaillonverkopers en pensions voor eenvoudige pelgrims.

Wie voorkeur heeft voor de zee moet zich naar het oosten wenden; daar is ze te zien, heel dicht bij de bergen. Men heeft in Rio de Janeiro wat het landschap betreft in zekere zin de keus tussen twee uitersten: ten noorden van de stad vindt men de verwaaide, enigszins kale, pracht van een woeste natuur en de stranden van Cabo Frio en van Armação dos Buzios; in het zuiden de veel meer tropische charme van Angra dos Reis, gelegen in de beschutting van een schitterende baai, bezaaid met ongerepte eilandjes.

Halverwege de kustroute tussen Rio en Santos ligt het charmante haventje van Parati, met haar oude huizen uit de 18de eeuw. Een eindje verderop liggen de stranden van Ubatuba en van Caraguatatuba, die beheerst worden door de serra do Mar. Deze stranden leiden naar een ander charmant, klein oud stadje genaamd São Sebastião en naar het grote, gelijknamige eiland, met de bijnaam *Ilha Bela*. Hier laten de kokospalmen de ernstige *Paulistanos* (inwoners van São Paulo) wegdromen. Zij verkiezen het boven de overbezette, al te mondaine badplaatsen van Guarujá, Santo Amaro en São Vicente en hebben zelfs de neiging het eiland als hun eigendom te beschouwen.

São Paulo

Hoe zou São Paulo anders kunnen worden omschreven dan als het tegenovergestelde van Rio? Het is niet alleen maar een kwestie van grootte (meer dan 9 miljoen inwoners in Rio en omgeving; minstens 15 miljoen in São Paulo en omstreken). Het verschil is gelegen in het karakter van de stad en haar bewoners. In Rio leeft men in eerste instantie voor zijn plezier, in São Paulo slechts om te werken. Het is niet gewoon maar een stad, het is een bijenkorf, een enorme stoomketel, een mierenhoop, die alleen maar groeit en op een wanordelijke manier. Men ontleent er zijn kracht slechts aan de onstuitbare drang naar vooruitgang.

◀*In het hete seizoen zoeken de Cariocas de koelte van de groene hellingen van de serra dos Orgãos op. Keizer Dom Pedro II en zijn echtgenote gaven de twee belangrijkste zomercentra hun naam: Petrópolis en Teresópolis.*

▲*Ondergaande zon bij Torres, een badplaats in het zuiden, dicht bij Porto Alegre.*

▲ *Viaducten die over het Anhangabáupark lopen, de hoofdverkeersader van het 'Nieuwe Centrum' van São Paulo, een van de allergrootste steden van de wereld met meer dan 15 miljoen inwoners.*

Vanaf het eerste ogenblik krijgt men de indruk in Noord-Amerika of industrieel Europa te zijn. Alles wat Rio nog aan koloniale charme en aan tropische verleidingen bezit, is hier reeds vergeten. Op een plateau van 800 m hoog, waar de winters mistig zijn, is er geen sprake van dat men zou kunnen toegeven aan de genoegens van het leven. De enige wet is geld verdienen, om rijk te worden of om te overleven. De stad heeft haar eerste fortuin aan de koffie te danken. São Paulo verdient 40% van het Bruto Nationaal Produkt van Brazilië en neemt in aantal jaarlijks met 150.000 inwoners toe. De stad beschouwt zichzelf, terecht overigens, als de 'economische locomotief van Brazilië'. Alle 'nieuwe Brazilianen', afkomstig uit Italië, Duitsland, Midden-Europa, het Midden-Oosten of Japan, behouden het enthousiasme dat kenmerkend is voor eerzuchtige immigranten.

Tegelijkertijd blijft de onophoudelijke stroom van binnenlandse migranten, hongerlijdende en behoeftige *Nordestins* die aangetrokken worden door de verlokkingen van de grote industriestad, jaar in jaar uit bestaan. Het resultaat hiervan is een soort imaginaire stad met miljardairswijken, districten voor de 'middle class' en armzalige, smerige volksbuurten, een stad die niet bepaald aantrekkelijk is, maar toch boeit door haar ongrijpbare karakter en haar enorme levenskracht. Vanaf de top van de Edificio Itália, de hoogste toren van São Paulo, krijgt men een goede indruk van de stad. Alles is groot, hoog, monumentaal, maar tevens net alsof het er maar tijdelijk is neergezet. Vanaf het viaduct van Chá, dat over het hart van de stad loopt, ontspruit een wirwar van wegen. Dit spinneweb beheerst het beeld, terwijl hier en daar expositieparken, reusachtige stadions, petrochemische complexen en autofabrieken opdoemen.

De Indiaanse namen van de plaatsen Anhangabaú, Ibirapuera en Morumbi Ipiranga vertellen de geschiedenis van de verovering van het binnenland. Een geschiedenis die zich vermengt met die van São Paulo, missionarisstad sinds de 16de eeuw. De stad, die in de 17de eeuw door de Jezuïeten is gesticht, was het vertrekpunt van de *bandeirantes*, de kruisvaarders, die zich met gevechten en handel bezighielden. Ze ontgonnen het ongerepte land en exploiteerden goud, diamant, rubber en koffie. De industriëlen van de 20ste eeuw waren hun opvolgers.

Er zijn niet veel resten uit het verre verleden overgebleven, behalve de herinnering aan de beroemde evangelist vader Anchieta, die nog altijd voortleeft in zijn eerste nederzetting, de Patio do Colégio. Maar zeg nooit tegen een *Paulistano* dat zijn stad geen geschiedenis heeft. Hij zal direct op de vele musea wijzen. Het museum van de Heilige Kunst bijvoorbeeld, of dat van de heldendichten van de *bandeirantes*. In het kunstmuseum van São Paulo hangen meesterwerken van het Franse impressionisme, van Rembrandt en van Picasso, naast de schilderijen van enkele grote Braziliaanse meesters, zoals Portinari en di Cavalcanti, terwijl het Ibirapuera-park, waar de traditionele Biennale plaatsvindt, permanent andere beroemde doeken en beeldhouwwerken van de hedendaagse kunst tentoonstelt. De liefhebbers zullen met grote belangstelling het beroemde Butantã Instituut bezoeken, waar giftige slangen en dodelijke spinnen zijn te vinden.

'Een stad die de frisse aanblik achter zich laat en langzaam in de oudheid vervalt', merkte de etnoloog Claude Lévi-Strauss ooit op over São Paulo. De oude binnenstad, waar de gebouwen uit 1900 op het plein van de Republiek een bepaald soort karakter zouden kunnen uitstralen, slaagt er niet in haar vroegere charme te bewaren vanwege de fabrieksterreinen en dominerende wolkenkrabbers. En de meest elegante straat, waar 'Parijse boetiekjes' en aantrekkelijke cafés zijn te vinden, ademt, ondanks alle inspanningen, een 'western' sfeer. Het beste is niet stil te staan bij deze details, maar de stad te nemen zoals ze is, vol wonderbaarlijke dynamiek en met een ruwe en krachtige charme.

Het Zuiden

PARANÁ, Santa Catarina, Rio Grande do Sul, de drie zuidelijke staten van Brazilië, herbergen meer dan 20 miljoen Brazilianen, voorzien het land voor 30% van de landbouwinkomsten en worden ook industrieel steeds belangrijker. De grote steden hebben weinig interessants te bieden. Curitiba, de hoofdstad van Paraná, is het centrum van een agglomeratie van meer dan een miljoen inwoners. Hun leven wordt beheerst door het strenge bergklimaat en een fantasieloze industriële bedrijvigheid (hout-, machine- en conservenfabrieken). In 1950 telde Londrina, dat in dezelfde staat ligt, 33.000 inwoners. De stad is echter snel gegroeid en er wonen vandaag de dag ruim 200.000 mensen. Florianópolis, de hoofdstad van Santa Catarina, heeft vanwege haar ligging op een eiland een bepaald soort provinciale charme en enkele mooie, Portugese monumenten uit de 18de eeuw weten te behouden.

Pôrto Alegre, de trots van Rio Grande do Sul en de metropool van Zuid-Brazilië, is een miljoenenstad. Er heerst hier een levendige, stadse sfeer, die doet denken aan de Spaanse sfeer in Buenos Aires en Montevideo. Overal proeft men nog de *gaucho*-traditie. Deze is erg chauvinistisch. De *gauchos* (veeboeren van Spaans-Indiaanse afkomst) verheerlijken de staten van Midden- en Noordoost-Brazilië. De Braziliaanse blanken staan tegenover de Braziliaanse *caboclo's* (inlanders), kleurlingen en Indianen.

Het Braziliaanse keizerrijk en de Republiek die daarop volgde, zijn altijd zo verstandig geweest het evenwicht tussen deze twee psychologische tegenpolen te bewaren: de rationele agressiviteit van de *gauchos* in het zuiden enerzijds en de poëtische inspiratie van de Portugezen en de Afrikanen in het noorden anderzijds. Tegenover de brutale, maar eerlijke bendes uit het zuiden stonden de politiek listige landheren uit de kolonies van Bahia en Recife, die goed met de regionale *cangaceiros* (grootsprekers) konden omgaan, maar niet in staat waren een nationale partij te vormen. Van tijd tot tijd bonden in de loop van de Braziliaanse geschiedenis de heren uit het zuiden hun rijdieren vast aan de hekken van het *Carioca*-paleis van Catete om weer enige orde en stiptheid te scheppen in de al te ingewikkelde politiek... Dit was o.a. het geval in 1930, ten tijde van Getúlio Vargas, die toen net de macht in handen had genomen.

De *gauchos* zijn er nog steeds, vast in het zadel zittend en uit zilveren pijpjes maté rokend, een goed middel om het proteïnerijke vleesdieet te compenseren. Het is echter wel duidelijk dat men ze nu nogal ver in het binnenland moet zoeken, in het grensgebied van Uruguay, de *Campanha*.

▲*Het zuiden van Brazilië is het domein van de kudden, de gauchos en de grote ritten te paard op de open grasvlakten.*

▲*De Braziliaanse gaucho, die bijna uitsluitend van vlees leeft en zijn dorst lest met liters bittere, groene thee (maté), is zeer gehecht aan zijn land en zijn tradities.*

De 'Missies'

Een Europees mozaïek

Een andere bezienswaardigheid van Rio Grande do Sul is de streek die de 'Missies' wordt genoemd. Deze werd door de Jezuieten gekoloniseerd en herbergt mooie ruïnes van kerken uit de 17de eeuw, zoals die van São Miguel, dicht bij Santo Angelo.

Ten noorden van Pôrto Alegre verschijnen steeds meer bergen. Hier ligt de *Serrana*, een landschap met groene heuvels en wijngaarden die een goede kwaliteit wijnen leveren. Men waant zich hier in een Europa in het klein. In Caxias do Sul, dat bekend staat om de Wijnmarkt die er om de drie jaar wordt gehouden, heerst de sfeer van het Italiaanse Piemonte en dat was zelfs nog het geval toen zich uit alle hoeken van het schiereiland hier transalpijnse immigranten vestigden, die de stad welvarend hebben gemaakt. Hetzelfde geldt voor Bento Gonçalves. Maar in Novo

▲*De watervallen van de Iguaçu, waar een enkele kilometers brede rivier zich uitstort in een smalle bergengte, behoren tot de spectaculairste ter wereld.*

Hamburgo, in Nova Petrópolis of in Dois Irmãos heeft het geen zin naar een andere wijn te vragen dan de lokale *Liebfraumilch*. Behalve als men de voorkeur geeft aan bier, dat hier bij stromen tegelijk vloeit en van uitstekende kwaliteit is. Aldus kan men in een gebied van enkele tientallen kilometers van een stuk Italië naar een gedeelte van Duitsland trekken, van bruin naar blond, van de Romeinse levendigheid naar de bloemrijke gotiek. Men zal echter voortdurend Portugees in verschillende toonaarden horen spreken.

Dezelfde Germaans-Italiaanse afwisseling is ook wat noordelijker te vinden in de graanschuur van Santa Catarina. De staat Paraná, die twee keer zo groot is als Santa Catarina en meer dan 10 miljoen inwoners telt, herbergt aan de rand van rijke koffieplantages en immense dennenbossen van het centraal plateau, vreemde microkolonies van mensen uit de Oekraïne, Polen, Zuid-Duitsland en de Balkan, die er op een aandoenlijke manier voor zorgen dat ook zij hier trouw blijven aan de volkstradities van hun land van herkomst. Vakkundig gebouwde huizen uit Midden-Europa, rustieke boerekarren met massieve wielen en eenvoudige versiersels, alkoven met verenbedden die alleen in landen met strenge winters te vinden zijn: en niets doet gekunsteld aan. Doordat alles een beetje op het 'echte' lijkt, krijgt men een diep doorleefd gevoel van heimwee, wat zeer wonderbaarlijk is te noemen in deze ongerepte natuur. Kortom: genoeg redenen om de 'Oude Wereld' te laten voortbestaan en deze te laten herleven in de groene weiden en kleurrijke open plekken in het bos van een exotisch Kanaän.

Iguaçuvallen

De mooiste watervallen ter wereld

Van de kust van de staat São Paulo tot die van Rio Grande do Sul laat een geleidelijke verschuiving het reliëf dalen, waardoor de tropische overvloed onmerkbaar overgaat in een bijna noordelijk aandoende horizon van duinen. Hierlangs lopen mooie stranden, vooral in Santa Catarina. Maar het grootste spektakel van het zuidelijke Brazilië speelt zich ergens anders af, in westelijke richting in het achterland, midden in een buitengewoon weelderig woudgebied nabij de Rio Paraná.

Hier zou men bij het afzakken van de koninklijke rivier misschien het grandioze spektakel van de *Sete Quedas* kunnen zien: de zeven grote watervallen dicht bij het kleine stadje Guaira. Jammer genoeg kan men er moeilijk dicht bij komen. Het is waarschijnlijker dat men het permanente 'klank- en lichtspel' van de watervallen van Iguaçu te zien zal krijgen. Deze zijn per vliegtuig vanaf São Paulo gemakkelijk bereikbaar. De Iguaçu is een zijrivier van de Rio Paraná die zich van 60 à 80 m hoogte naar beneden stort. Een bezoek aan deze watervallen, gelegen op de grens tussen Brazilië, Argentinië en Paraguay, zal voor iedereen een onvergetelijke herinnering blijven. De terrassen van het vermaarde hotel bij dit natuurspektakel bieden vrij uitzicht op een aantal van de 274 watervallen. In een schitterende, bosrijke omgeving storten zij naar beneden en brengen aldus een natuurlijke ordening aan in een landschap dat zijn weerga niet kent.

Minas Gerais

ALS derde staat van Brazilië wat betreft oppervlakte en bevolkingsaantal neemt Minas Gerais ('Algemene Mijnen') een belangrijke plaats in, ook vanwege de historische en sociale rol die zij heeft gespeeld in de ontwikkeling van de grote Portugees-Amerikaanse natie.

Het beste stelt men zich een enigszins kromme driehoek voor met als basishoeken São Paulo en Rio de Janeiro. De top van deze driehoek is dan Belo Horizonte, dat aan de westzijde van een bergachtig gebied ligt, waardoor de kuststreek wordt geïsoleerd. Belo Horizonte ligt op ongeveer 500 km afstand ten noorden van de twee grote metropolen op een hooggelegen plateau, waar het bijzonder zuivere licht de eroderende contouren van het landschap prachtig laat uitkomen. Als derde stad van Brazilië vormt het het middelpunt van een van de mooiste toeristische gebieden van Brazilië.

In deze centraal gelegen driehoek heeft zich sinds lange tijd de kern van de macht in Brazilië geconcentreerd. In Rio berustte de politieke macht, in São Paulo de koffie en in Minas het goud.

In 1696 ontdekte men aan de oevers van de Rio das Velhas de eerste goudklompen. In de 18de eeuw exploiteerde men de mijnen totdat deze volledig waren uitgeput. Vervolgens namen ijzer en mangaan de plaats in van het goud. In die tijd ontstond Belo Horizonte (1897). Omstreeks 1950 telde de stad al zo'n 400.000 inwoners en in 1987 waren het er bijna 1,5 miljoen.

Het aantrekkelijkste van deze nagenoeg nieuwe stad, gelegen op een hoogte van bijna 800 m, is het klimaat. De lichtpaarse heuvels van de serra do Curral rijzen op in de verte en de recent opgetrokken wolkenkrabbers zorgen ervoor dat de gebouwen van rond 1920 ieder jaar meer verouderen. De Braziliaanse hedendaagse kunst heeft er echter de nodige aandacht aan gegeven. Het mooie huizencomplex Pampulha, het kunstmatig aangelegde meer, de tuinen, het museum voor moderne kunst en de São Francisco-kapel zijn alle met name te danken aan de architect Oscar Niemeyer, de schilder Cândido Portinari en de tuinarchitect Burle Marx. Ondanks alle drukte en levendigheid ademt het centrum van de stad, met de lijnrechte maar prachtige lanen die overschaduwd worden door rubberbomen, een soort rust die in São Paulo en zelfs in Rio de Janeiro al sinds lange tijd niet meer te vinden is.

Het *mineiro*volk, dat lange tijd geïsoleerd in de bergen leefde en daardoor afgesloten was van de snel veranderende mode die werd bepaald door de hoofdsteden aan de kust, behoort zeker niet tot het type mensen dat zich 'maar wat laat wijsmaken'. Zoals Frankrijk de Auvergne heeft en Spanje Galicië, zo heeft Brazilië Minas Gerais: een landstreek met bewoners met een gezond boerenverstand, een sterk doorzettingsvermogen en een goed doordachte spaarzaamheid en soberheid die geenszins een grote ondernemingsgeest uitsluiten. Bestuur, politiek en bankwezen zijn de specialisaties van *Mineiro*. Gedurende lange tijd rouleerde het voorzitterschap van de Republiek tussen São Paulo, Rio de Janeiro en Minas Gerais. De revolutie van 1930 en de inval van de *gauchos* van Getúlio Vargas waren nodig om het spel tot buiten de beroemde driehoek te verruimen. Maar het was op deze grond van Minas, waar sinds de 18de eeuw het idee van een onafhankelijk Brazilië ontstond.

▲*De Do Carmakerk beheerst het beeld van Ouro Prêto. De vroegere 'gouden' stad werd een soort openluchtmuseum toen de goudaders waren uitgeput.*

▲*Voor het heiligdom van Senhor Bom Jesus dos Matozinhos in Congonhas do Campo beeldhouwde Aleijadinho twaalf standbeelden van profeten.*

De hoofdstad van de staat was in de 18de eeuw Vila Rica, dat echter vaker Ouro Prêto (zwart goud) werd genoemd, een naam die tot op heden aangehouden wordt en die niets te maken heeft met olie, maar afgeleid is van een zeldzame kwaliteit edelmetaal. Aan het eind van de 18de eeuw ontdekten de *bandeirantes* uit São Paulo de rijkdommen van de streek. Zij werden gevolgd door horden andere goudzoekers en al in 1711 was op deze plek een stad ontstaan. Niettemin zou het nog tot 1740 duren, voordat de eerste gebouwen van steen werden opgetrokken. In het voormalige paleis van de Gouverneurs is tegenwoordig de 'Mijnenschool' met bijbehorend museum ondergebracht. Het laatste grote werk van de Potugese barokkunst in haar koloniale versie is de prachtige kerk, genaamd São Francisco de Assis, die hier in 1794 werd gebouwd.

De invloed van de bestuurders van Minas Gerais en Vila Rica was in deze periode zo groot, dat in 1789 hier de bevrijdingsbeweging ontstond, waaraan Brazilië haar eerste nationale helden en haar eerste martelaar te danken heeft. Deze beweging van de *Inconfidentes* ('Trouwelozen') is echter nooit verder gekomen dan het stadium van de samenzwering. De overdreven hoge belastingen die hier net als elders door de Portugese kroon werden geheven, waren voor de revolutionaire beweging aanleiding zich openlijk te verzetten. Dit verzet werd duur betaald door Tiradentes, wiens echte naam Joaquim da Silva Xavier luidde, die vrijwillig alle verantwoordelijkheid voor het verzet op zich nam. Da Silva was een officier en zijn bijnaam, die zoveel betekende als de 'kiezentrekker', dankte hij aan zijn eigenlijke beroep van tandarts. Hij werd op 21 april 1792 in Rio opgehangen en gevierendeeld. Zijn ledematen werden verspreid en in de belangrijkste steden van Minas tentoongesteld. Vila Rica kreeg zijn hoofd toegewezen, waaraan door de bevolking al snel de gelaatstrekken van de Messias werden toegeschreven. Hij werd uiteindelijk pas echt tot symbool van de Messias verheven op 7 september 1822, 30 jaar na zijn marteldood, toen de onafhankelijkheid waarvan hij droomde en waar hij voor had gevochten, werkelijkheid werd. Ongeveer een half jaar later, in maart 1823, verkreeg Vila Rica, nu officieel Ouro Prêto genoemd, de status van hoofdstad van de provincie Minas. Honderd jaar later werd Ouro Prêto tot nationaal monument betiteld, hetgeen ongetwijfeld was bedoeld om haar prestige op te vijzelen dat, als gevolg van haar politieke en economische verval ten gunste van Belo Horizonte, flink was gedaald. Het enige wat heden ten dage hiervan is overgebleven is het stadsmuseum.

Ouro Prêto is slechts een klein stadje met nauwelijks 35.000 inwoners. Maar haar ligging aan de voet van de Itacolomi, de steile rotswand die het stadje domineert, haar onvergetelijke architectonische eenheid, de charme die uitgaat van de pittoreske straatjes, en de daken met bruine dakpannen, maken het tot een fascinerende plaats. De beste gids om het oude Vila Rica te doorgronden, is nog altijd de beschrijving die de dichter Manuel Bandeira aan het stadje heeft gewijd. Ouro Prêto is geen Vila Rica meer zoals ten tijde van deze literaire reisbeschrijving, maar het is een waar genoegen om met deze gids in de hand een dode stad weer tot leven te zien komen en over haar verleden te mijmeren. Door de Brazilianen zelf is Ouro Prêto voornamelijk als badplaats herontdekt.

Ouro Prêto

In de voetsporen van Aleijadinho

Het is onmogelijk over Minas Gerais te spreken, zonder het beeld op te roepen van de grootste artiest uit dit gebied, de alomtegenwoordige António Francisco Lisboa, die van zijn tijdgenoten de bijnaam 'de kleine kreupele' kreeg. *Aleijadinho* (1730-1814) overlaadde Minas letterlijk met zijn werken. Zijn vader was een Portugese architect, zijn moeder een kleurlinge. Scheurbuik en waarschijnlijk lepra maakten van hem een artiest die op zijn met leer beschermde knieën rondkroop, terwijl beitel en hamer aan zijn misvormde handen moesten worden gebonden. Niettemin beeldhouwde hij uit saponiet de mooiste werken. Hij was een legendarische figuur, maar ook een bewonderenswaardig kunstenaar met een onnavolgbare stijl die het midden hield tussen Dürer en Greco.

De ontwerpen van de São Francisco-kerk in Ouro Prêto, het portaal en de hoogreliëfs komen van zijn hand, evenals de twee zijaltaren van Carmo in dezelfde stad. Zijn gekwelde lichaam rust onder een vloertegel voor het altaar van Onze Lieve Vrouwe in de kerk van de Onbevlekte Ontvangenis, die zijn vader, Manuel Francisco Lisboa, heeft ge-

▲ *Ieder jaar in september blijkt het monumentale kerkplein dat ligt vóór het kleine barokkerkje van Senhor Bom Jesus dos Matozinhos veel te klein om de tienduizenden pelgrims te kunnen ontvangen die Congonhas do Campo massaal binnenstromen.*

bouwd. De gedachtenis aan *Aleijadinho* blijft echter tijdens de gehele tocht door Minas Gerais levendig. Het hoogtepunt in zijn werk vindt men in Congonhas do Campo, waar hij op 61-jarige leeftijd een reeks standbeelden van de twaalf apostelen beeldhouwde. Ze zijn te bewonderen op het kerkplein van het heiligdom van Bom Jesus dos Matozinhos, een bedevaartsoord dat jaarlijks begin september grote mensenmassa's trekt.

Het noorden van Minas

Mijnendriehoek en Diamantplaat

Ten westen van Belo Horizonte in het gebied dat de grens van Minas Gerais vormt tussen de Rio Grande en de Paranaiba, strekt zich een enorme hoogvlakte uit, de *Triângulo Mineiro*. Het is een streek waar veeteelt wordt bedreven en die in het zuiden wordt begrensd door de serra's da Canastra en da Mantiqueira, waarvan de uitlopers beschutting bieden aan de voornaamste badplaatsen met warme bronnen van Brazilië. Araxá, Poços de Caldas, São Lourenço en Caxambú hebben geen mondaine pretenties meer, ondanks het feit dat deze plaatsen in de nabijheid van de hoofdstad São Paulo liggen.

In het noorden van Minas begint de ruige,

▲*Zachtjes wuivende palmbomen en een bewolkte hemel boven het witte strand van Baia de Todos os Santos ('Baai van Allerheiligen'), waaraan Salvador is gelegen.*

woeste *Sertão*. De hoogten nemen hier af en de droogte slaat al gauw toe. Diamantina, waar president Kubitschek, de grondlegger van Brasília, werd geboren, is, zoals de naam al zegt, een plaats waar dit kostbare edelgesteente is te vinden. Het diamantmuseum en de barokke kerken maken het tot een interessant punt in het historische hart van de staat. Dit is de *Chapada Diamantina*, het grensgebied tussen het spoorwegtraject in de richting van de kust, en de primitieve binnenscheepvaartroute die wordt bepaald door de loop van de São Francisco. Pirapora is het gebied waar de ene beschaving in de andere overgaat. Aan de ene kant locomotieven met hun wagons die afgeladen zijn met armzalige emigranten, die voor de groei zorgen van de voorsteden van São Paulo, aan de andere kant boten – met afbeeldingen en figuren op de voorsteven die mythische dieren voorstellen – die de grote rivier van de 'nationale eenheid' op en af varen. Dit is de enige rivier in Brazilië waarvan de zuid-noordelijke richting effectieve verbindingen tot stand kon brengen tussen de rijkdommen van de landbouw en die van de mijnen van het midden-zuiden enerzijds en de uitgedroogde savannes van het noordoosten anderzijds.

Het Nordeste

NEGEN staten – Maranhão, Piauí, Ceará, Rio Grande do Norte, Paraíba, Pernambuco, Alagoas, Sergipe en Bahia – vormen het uitgestrekte gebied van het *Nordeste* (1,5 miljoen km²) waar ongeveer een derde van de Braziliaanse bevolking leeft onder vaak erbarmelijke omstandigheden, die zijn beschreven door sociologen zoals Josue de Castro en geïllustreerd door even zovele schrijvers en cineasten. Het noordoosten is aldus synoniem geworden voor de 'derde wereld'. Een 'derde wereld' die ellende, droogte en grote rampen met zich torst, met alle verontrustende en typische gevolgen van dien: bandieten, honger, haat en nijd.

Het is wel nodig enige nuances aan te brengen en direct al twee soorten *Nordeste* te onderscheiden: enerzijds dat van de rauwe zeelieden, het land waar suiker en cacao in overvloed zijn te vinden, en anderzijds het misdeelde binnenlandse gebied van de *Sertão* en van de *Catinga* ('het struikgewas'), een gebied waar extensieve veeteelt wordt bedreven onder onregelmatige stortbuien. Deze buien veroorzaken net zo veel schade als de droogte, waarvan hongersnoden en massale uittochten de trieste gevolgen zijn.

Op het menselijke vlak is het contrast tussen de twee soorten al even treffend. De vochtige kust is de erfgenaam van de oude slavengemeenschap die overheerst wordt door *senhores dos engenhos* ('suikerrietmolenaars'). De zwarte bijdrage is er heel belangrijk geweest en de Afrikaanse tradities zijn er nog steeds heel levendig en uiteindelijk eerder sterker geworden dan afgenomen door het syncretisme dat deze tradities met het katholicisme heeft verbonden. In de *Sertão* daarentegen overheerst het Indiaanse element in de gemêleerde samenleving der *caboclos* (inheemsen). Deze samenleving is ruw en woest, en bestaat uit veedrijvers die gewend zijn aan de eenzaamheid van de grote ruimte. Zij hebben zich in leer 'gepantserd' om zich te beschermen tegen de doornachtige dwergbossen.

Deze twee tegengestelde werelden ontmoeten elkaar nauwelijks, behalve in de tussenliggende zone die geografen de *Agrestea* noemen. Dit is de streek van koffie, andere teeltgewassen en enkele mooie weidegronden. Ontmoetingsplaatsen zijn de grote veemarkten die deze zone afbakenen, zoals in Caruarú en Feira de Santana.

De beste manier om de Sertão te ontdekken is ongetwijfeld de Rio São Francisco af te varen in de tegengestelde richting van de stroom emigranten die zich in zuidelijke richting begeeft. Dit zijn de ongelukkige *flagelados* ('gegeselden'), slachtoffers van de zich altijd herhalende droogte. In het kielzog van de vreemde afbeeldingen op de boeg begint een langzame terugkeer in de tijd en de geschiedenis. Bom Jesus da Lapa, Xique-Xi-

▲*Als nationaal monument droomt Olinda van de tijd waarin het stadje kon concurreren met het nabijgelegen Recife.*

▲ *Sinds de komst van de Portugese veroveraars vormen de suikerrietplantages, waar de eigenaars vroeger als vorsten over hun arbeiders regeerden, dé grote rijkdom van Pernambuco.*

que, Casa Nova: veelvuldig bezochte stopplaatsen die stuk voor stuk legenden met zich meedragen. De 'Lorelei' van de Rijnoever heet hier Iemanjá, de godin van de wateren, en op de toppen van de bergen rennen vurige rammen als bewakers van vergeten schatten.

Om in Salvador terecht te komen, gaat de route bij Juazeiro weer landinwaarts. Deze plaats ligt in de nabijheid van de vroegere streek Canudos, die bezongen werd door de grote Braziliaanse schrijver Euclides da Cunha (1866-1909). Zijn boek *Os Sertões* is een epos gewijd aan de meedogenloze strijd die de federale troepen aan het einde van de vorige eeuw voerden met het schooiersleger van de profeet Antonio Conselheiro. Canudos was een soort Nieuw Jeruzalem geworden voor deze ongelukkige fanatici. Een meer noordelijke reisroute, die via de vallei van Jaguaribe uitkomt op de zuidkant van Fortaleze, maakt het mogelijk de *Sertão* op een andere manier te benaderen. De route leidt naar een tweede Juazeiro, Juazeiro do Norte, vaderstad van een andere wonderdoener, vader Cicero, vriend en beschermer van de *cangaceiros* en met name van de beroemde Lampião, die omstreeks 1920 samen met zijn vogelvrije bende het achterland van Ceará, Pernambuco en Bahia onveilig maakte. Nog niet zo lang geleden kon men in het instituut voor gerechtelijke geneeskunde in Salvador de afgehakte hoofden van deze 'ere-bandiet', zijn gezellin Maria Bonita en zijn voornaamste helpers, die in glazen potten met formaline werden geconserveerd, aanschouwen. Dit zal ongetwijfeld al te shockerend zijn geweest voor de toeristen, want men heeft ze inmiddels verwijderd.

Salvador
Aan de Allerheiligenbaai

De baai *(baia)* van Todos os Santos ('Allerheiligenbaai') bezit ongetwijfeld niet de theatrale pracht van die van Rio de Janeiro. En ook de tijd – die hier nooit heeft stilgestaan – is niet altijd even vriendelijk geweest voor Salvador als voor Ouro Prêto, maar van alle Braziliaanse steden is dit in wezen toch wel de mooiste en lieflijkste stad om in te wonen: niet te groot, niet te klein, 'koloniaal' en actief tegelijk, bezit zij de onvergelijkelijke charme van een stad in volmaakte harmonie.

In welk seizoen men er ook komt, de eerste verrassing in Salvador is de bijzondere kwaliteit van de lucht. Een licht briesje dat het gehele jaar over dit kustgedeelte waait, drijft de vochtige wolken weg en versterkt 's avonds de geur van hyacinten. Er hangt een provinciale sfeer boven de rustige en lommerrijke lanen van de villawijken die aflopen in de richting van het haventje van la Barra, gelegen onder het wakend oog van een oud Portugees fort. Opgesmukte muziektenten, versierde dakkapellen en witte zuilengangen van vroegere woningen van de plaatselijke 'gentry' roepen te midden van de hibiscus en de bougainvillea's de sfeer op van 'het oude zuiden' uit het begin van deze eeuw. Langs de kuststrook liggen droomstranden waarop palmbomen zachtjes en melancholisch heen en weer wiegen. Het aantrekkelijkste strand is dat van Itapão, waarachter in de fonke-

▲*Van Salvador (voorheen Bahia en de eerste hoofdstad van Brazilië) wordt gezegd dat er net zo veel kerken staan als er dagen in het jaar zijn.*

lende witte duinen de donkere lagune van Abaeté sluimert, een geliefde plek van Iemanjá en een rendez-vous voor geliefden op de zondag.

In Salvador stapelen zich twee agglomeraties op, die keurig van elkaar gescheiden maar toch ook onderling verbonden zijn door zeer schuine hellingen waarlangs grote liften omhoog gaan. Het laaggelegen stadsdeel, dat van de haven en de handelshuizen, is vooral de moeite waard vanwege de pittoreske levendigheid van de markten. De Mercado Modelo biedt een niet te evenaren scala van kleuren en geuren. Prachtige kerken uit de 18de eeuw, met gevels die bedekt zijn met *azulejos* of marmeren ornamenten, leunen tegen de heuvels waarop het hoger gelegen stadsdeel met haar paleizen en klokketorens is gelegen. Aan het einde van de lange promenade die langs de baai loopt, staan de kerk van Nossa Senhora da Boa Viagem, het fort van Monteserrat en de basiliek van Nosso Senhor do Bonfim op een uitstekende heuvel waar het oceaanwater vrolijk tegen opspat.

In de oude wijken van het centrum in het

►*De 'Cidade Alta', het hooggelegen stadsdeel van Salvador, dat uit de koloniale tijd stamt, werd gebouwd op de heuvels en ligt zo'n 70 m hoger dan de 'Cidade Baixa', het laaggelegen stadsdeel.*

EDIFICIO ORION

▲*Salvador: tot 1932 verborg een muur van pleisterwerk de gevel van de São Franciscokerk van de Derde Orde. Bij toeval ontdekte een elektricien deze overweldigende versiering.*

hooggelegen stadsdeel slaat het hart van Salvador het krachtigst. De lieflijke Rua Chile, waar jaarlijks de bonte carnavalsstoet doorheen trekt, leidt rechtstreeks naar het Terreiro de Jesus, waar de 17de-eeuwse kathedraal zich verheft, en komt vervolgens uit op het Cruzeiro de São Francisco. Hier staan een prachtig klooster in barokstijl, overvloedig versierd met vergulde sculpturen, en de kerk van de Derde Orde van Sint Franciscus met zijn vlakke voorgevel. Dit is het hoogste punt van de oude stad. Van hieruit kan men weer naar beneden over het oude plaveisel van het beroemde Piloriplein, een verbazingwekkend geheel van gerestaureerde, statige hotels en woningen in zachte kleuren waarin nog steeds ambachtslieden wonen en werken. Deze gebouwen, het voormalige karmelietenklooster en haar museum, de monumentale trap die omhoog leidt naar de Passokerk en vervolgens naar de eenvoudige *Capoeira* Academie, waar de traditie van deze oorspronkelijk Afrikaanse acrobatische dans – een schijngevecht tussen twee krijgers – in stand wordt gehouden, zijn bepalend voor het mysterieuze en intieme karakter van deze schitterende wijk.

De legende verhaalt dat Salvador evenveel kerken bezit als er dagen in een jaar zijn. Zonder twijfel is dit schromelijk overdreven, maar het prachtige museum van gewijde kunst herinnert ons aan het rijke religieuze verleden van deze stad, die de eerste hoofdstad van Brazilië was en lange tijd de tweede stad van het land bleef, zonder haar bijnaam 'het Rome van de Negers' te verliezen.

▲*Salvador: in hun vrije tijd bouwden de zwarte slaven de Nosso Senhor do Rosária das Pretos.*

Recife en Olinda

Steden met een Hollandse sfeer

Salvador da Bahia is een wereld op zichzelf, gelegen aan een door een lieflijk landschap omgeven baai. Recife, de hoofdstad van Pernambuco, is dé metropool van het noordoosten. Als handelshaven is de stad toegankelijk uit alle windstreken en daarmee veel gevoeliger dan haar rivaal voor de invloed vanuit de *Sertão*. Dit komt tot uitdrukking in de bijna gelijke balans tussen het Indiaanse en het negerbloed in de bevolkingssamenstelling. Het is ook te merken aan de sociale verhoudingen, die duidelijker naar voren komen dan in Salvador door het regime op de grote plantages en de ethiek die eigen is aan de in linnen pakken gestoken grootgrondbezitters.

De stad, die werd gesticht door Hollanders

▲*Omdat het reliëf van Salvador heuvelachtig is, leidt een grote trap naar de Santissimo Sacramentokerk in het centrum van de oude stad.*

onder leiding van Maurits van Nassau tijdens de Bataafse koloniale periode van 1637 tot 1654, dankt haar naam aan het rotsachtige eilandje voor de kust waarop de eerste Portugese nederzetting werd gevestigd. De Hollanders voelden zich immers nergens beter thuis dan in aan water gelegen steden. Door hun toedoen werd Recife een nieuw Amsterdam, verdeeld door de Beberibe, Capibaribe en hun zijrivieren en de verschillende kanalen die deze rivieren met elkaar verbinden. Van het 'Hollandse' Recife is niet veel meer over dan de klokketoren van de karmelietenkerk, die wordt beschouwd als een van de vier torens van het vroegere paleis van Maurits van Nassau. De oorspronkelijke indeling van de stad is nog steeds dezelfde gebleven met haar vier historische wijken: Recife, San Antonio, Boa Vista en São José. Het centrum van de stad grenst aan het havengebied en bij elkaar beslaat dit een relatief smalle strook in vergelijking met de huidige omvang van de agglomeratie van bijna 2 miljoen inwoners. Toch zijn alle middelen aanwezig om een levendige levensstijl te leiden, waarin het

▶*Rivieren zijn de voornaamste wegen in het Amazonegebied. Vanwege de soms hoge waterstand moeten de oeverbewoners hun huizen op palen plaatsen.*

▲*Salvador: overvloedige versieringen van verguld hout, uniek in Brazilië, hebben de kloosterkerk van São Francisco de bijnaam Igreja de Ouro ('Gouden Kerk') bezorgd.*

prestige van het verleden op een harmonieuze wijze is verbonden met de architecturale prestaties van het heden.

De heiligdommen en het paleis bezitten niet de barokke weelderigheid van die van Salvador, hoewel de Capela Dourada ('Gouden Kapel') er niet voor onderdoet. Maar de voorgevels, die fijn gekleurd en in donker granieten arabesken zijn gebeeldhouwd of met ongebluste kalk bewerkt, vormen overal betoverende plaatjes die de verwilderde kruinen van de palmbomen omlijsten. Het plein van de Republiek, met het Gouverneurspaleis en het aardige neoklassieke theater van Santa Isabel, vormt samen met de Primeiro da Março en zijn beroemde Café Lafaiete, het *Pracinha* (plein van de Onafhankelijkheid) en de zeer drukke avenue van Guararapes, de drukste buurt van Recife. Deze normale drukte is nog niets vergeleken bij die van de carnavalstijd, wanneer de *frevo*, een typische dans die hier de samba van de *Cariocas* vervangt, de bevolking van Pernambuco in extase brengt. Tijdens dit carnaval, dat met recht doorgaat voor een van de kleurrijkste van Brazilië, samen met die van Rio en Salvador, is de invloed van de zwarte bevolking overheersend. Dit komt tot uitdrukking in de *maracatú* ('optocht') op het geroffel van trommels van afgevaardigden van Afrikaanse Xangô-sekten. Het gaat mogelijk nog heviger toe in de *caboclinho* en de *quilombo*, die herinneren aan de indo-amerikaanse folklore, en in de *bumba-meu-boi*, de 'dans van het rund', die afkomstig is uit de *Sertão*.

Ook Recife heeft haar stranden, die bijna net zo betoverend zijn als die van Boa Viagem, waar helaas steeds meer wordt gebouwd. Men ziet er ranke bootjes die zijn gemaakt van een boomstam; ze zijn niet zeewaardig en deinen mee op de golven. De zwarte vissers werpen vanuit hun *jangadas* driehoekige netten in de oceaan.

Olinda, sinds lange tijd de rivaal van haar naaste buur Recife, is gelegen op een heuvel van vergane glorie. Ooit was Olinda de hoofdstad van de staat, een aristocratische stad van de 'heren van de molens'. Ook deze stad draagt het stempel van de Hollanders, die Olinda weer opbouwden na het te hebben platgebrand. De meest opvallende architectuur bleef evenwel Portugees van aard. De hellende straten staan vol oude, roze, lichtgroen en donkerrood geschilderde huizen die van de stad een soort 'Ouro Prêto aan Zee' maken, stemmig en nostalgisch omringd door de azuurblauwe oceaan. Een haven van rust en vrede onder palmbomen die door de zeewind zachtjes heen en weer wiegen.

De noordelijke steden

Van Aracajú tot São Luís

Net als Maceió en Aracajú, de hoofdsteden van de staten Alagoas en Sergipe, ten zuiden van Pernambuco, is João Pessoa, hoofdstad van Paraíba en noorderbuur van Recife, voor Braziliaanse begrippen slechts een kleine stad (ruim 250.000 inwoners). Fortaleza is de hoofdstad van Ceará, één van de meest levendige en dynamische staten van het noordoosten. São Luís, de hoofdstad van Maranhão, ontleent haar naam aan de jonge Franse koning Lodewijk XIII. De Portugezen bouwden er één van de mooiste kerken van Brazilië, de Nossa Senhora do Desterro, die wordt gekenmerkt door oosterse invloeden. Nog geheimzinniger is het oude stadje Alcântara, aan de andere oever van de baai van São Marcos.

►*Recife: de Santa Teresakerk van de Derde Karmelietenorde werd in later tijd van een fronton met voluten voorzien.*

Amazonegebied

Van het noorden tot het westen van Brazilië beslaat het Amazonegebied meer dan de helft van het nationale grondgebied. Het inwonertal komt echter niet boven de 6 à 7 miljoen. Bij de 3,5 miljoen km² (de oppervlakte van India) dat wordt vertegenwoordigd door de staten Amazonas (Manaus), Pará (Belém), Acre (Rio Branco) en de federale grondgebieden van Amapá, Roraima en Rondônia, moet ook nog een groot gedeelte van de staten Mato Grosso en Goias worden geteld, die geografisch gezien deel uitmaken van het Amazonebekken. Dit zijn ongeveer de contouren van een wereld van water, equatoriale bossen, moerassen en savannen. Het land lijkt vlak, maar bij de grenzen van de beide Guyana's en Venezuela liggen bergmassieven van 2000 tot 3000 m hoogte.

De 7000 km lange rivier, die dwars door het Amazonegebied loopt, is niet de langste rivier van de wereld, maar wel de rivier met de grootste waterafvoer (150.000 m³/s bij de rivieruitmonding). In Peru wordt de rivier Marañon genoemd en vanaf de Braziliaanse grens tot aan zijn uitloop in de Rio Negro, vlakbij Manaus, verandert de naam in Solimões. Eerst vanaf dit punt tot de Oceaan heet de rivier officieel 'Amazone'. De Spaanse veroveraar Orellana heeft hem deze naam gegeven. Door de grote diepte kunnen zeeschepen Manaus gemakkelijk bereiken; schepen met een lager tonnage kunnen eventueel tot Iquitos in Peru komen. Aan het eind van de vorige eeuw was Manaus door geregelde stoombootdiensten direct met Liverpool en Le Havre verbonden. Dit was ook de periode van de plotselinge *hevea*-welvaart, de gouden tijd van de rubbercultuur. Later zijn de Brazilianen pas echt begonnen hun mysterieuze achterland te veroveren door grote doorgaanswegen te maken. Eerst de weg Brasilia-Belém (2140 km), vervolgens de weg Cuiabá-Santarém en Cuiabá-Púorto Velho en ten slotte de beroemde 'Transamazonica Highway', die Recife met de Peruaanse grens verbindt: 5400 km op Braziliaans grondgebied van de as die het werelddeel Zuid-Amerika van de uiterste oostpunt naar de uiterste westpunt, van de Atlantische Oceaan tot de Grote oceaan, in tweeën deelt.

▲*De Amazone is op sommige plaatsen zo breed dat vanaf de rivier de beboste oevers nauwelijks zijn te zien.*

▲*Salvador is een commercieel onbelangrijke havenstad en langs de oude, stenen kade liggen dan ook meer 'saveiros' (zeilboten) dan vrachtschepen.*

De metropool van het noordelijke Amazonegebied is Belém (760.000 inw.). Als een moderne schildwacht bewaakt de stad de uitloop van de grote rivier, op 120 km afstand van zee, op de binnenbaai van Marajó waarlangs zich de stad uitstrekt.

De stad, die is gesticht aan het begin van de 17de eeuw, heeft nog enkele overblijfselen uit het koloniale verleden bewaard, met name het fort van Castelo, dat dateert uit 1616, de Nossa Senhora das Mercêskerk, die door oude schilderachtige huisjes wordt omringd en een kathedraal uit de 18de eeuw. Belém heeft haar huidige aangezicht evenwel te danken aan de belangrijke 19de eeuw, die wordt gesymboliseerd door het prachtige da Paztheater, het Goeldi-museum, dat midden in een schitterend zoölogisch en botanisch park staat, en de Ver-o-Peso. Dit laatste is een verbazingwekkende, overdekte markt, uitgevoerd in metaalarchitectuur die doet denken aan Eiffel of Baltard. De naam komt van de kreet *vero peso* (nauwkeurig gewicht) van de marktkooplui. Omdat de Ver-o-Peso regelmatig overgeschilderd en met veel water schoongemaakt wordt, maakt het geheel een frisse indruk, iets wat men in een havengebied vaak mist. Maar wie tegen sluitingstijd een blik naar de hemel werpt, krijgt de koude rillingen over de rug. Honderden zwarte gieren, die een groot gedeelte van het schoonmaken op zich nemen, wachten ongeduldig tot de laatste bezoekers het terrein hebben verlaten om het afval van de slagerijen weg te graaien. Ver weg van het pittoreske, maar gevaarlijke gewemel van het havengebied, bevinden zich prachtige avenues en tuinen. Men kan zich soms moeilijk voorstellen dat deze in 19de-eeuwse stijl opgetrokken hoofdstad van het departement is gelegen aan het einde van de wereld, in een ondoorgrondelijke natuur en met de barre, meedogenloze zon boven zich. Een excursie naar de andere kant van de baai, naar het eiland Marajó, maakt dit direct weer duidelijk. Marajó ligt midden in de uitmonding van de Amazonerivier. Het eiland dat zo groot is als Zwitserland, kende rond het jaar 1000 van onze jaar-

▲*Een overblijfsel uit de tijd waarin de stad rijk werd door de rubbercultuur is in Manaus het Amazonas-theater met zijn veelkleurige koepel.*

telling een beschaving, die allang niet meer bestaat. Dit was de beschaving van de Marajoaras, die ongetwijfeld uit het Andesgebergte afkomstig waren en de resten van een verfijnde pottenbakkerskunst hebben achtergelaten. Het water uit de rivier overstroomt regelmatig een groot gedeelte van dit microcontinent. Hierdoor verdrinken jaarlijks duizenden zeboes, die het voornaamste bestaansmiddel van het eiland zijn. Vroeger eisten kaaimannen een al even sterke tol als de hoge waterstanden, maar de jacht op de huid van deze dieren heeft ze hier uitgeroeid.

De staat Pará strekt zich naar het noorden uit over het grondgebied van Amapá tot de grens met Frans Guyana. Pará is in het bezit van de grootste mangaanmijn ter wereld, die sinds 1953 in de Serra do Navio wordt ontgonnen. De modelexploitatie van dit gebied vormt een uitdaging voor wat betreft de ontginningsproblemen van de 'groene hel'. Deze moeilijkheden leken vroeger onoverkomelijk; ze zijn echter overwonnen en zullen nog gemakkelijker te overwinnen zijn wanneer eenmaal de aanzienlijk rijke delfstoffen van de Amazone geëxploiteerd zullen worden.

Belém-Manaus

Vaartocht naar het binnenland

De snelste boten doen er drie of vier dagen over om van Belém naar Manaus te varen. Het bevaren van de Amazone lijkt voor de reiziger zo fascinerend, dat men hem niet graag zou willen ontmoedigen. De 'rivierzee' (*Rio-mar*) is over een groot gedeelte van de tocht echter zó breed, dat de oevers nauwelijks te zien zijn. Bovendien zijn ze minder interessant dan men zou verwachten.

Vanaf Monte Alegre, waar de laatste reliëfs van het Guyana-plateau langzaamaan verdwijnen, begint het landschap interessanter te worden. Er doemen grasvlakten op tussen de bossen en er komen steeds meer *fazendas* (boerderijen) met kuddes, die door de *vaqueiros* te paard bij elkaar worden gehouden. Men verwacht de jungle, maar ontdekt een soort drassig 'Far West'. Santarém, waar de Rio Tapojós langs stroomt, is de grootste stopplaats. Naar het zuiden toe verbindt een goede weg de stad met de 'Transamazonica Highway', die hier vlak langs de Amazone loopt, en met Cuiabá, de verre hoofdstad van Mato Grosso. Maar de reiziger houdt ongetwijfeld de beste herinnering over aan Óbidos, waar de rivier nauwer wordt en verandert in een onstuimige vaargeul van nog geen 2 km breed. Óbidos is een mooi klein stadje, dat breed uitgestrekt op de flank van een heuvel ligt. Net vóór de aankomst in Manaus is het schouwspel van de samenloop van de Rio Negro en de Rio Solimões fascinerend. Het donkere water van de Rio Negro stroomt lange tijd, zonder zich te mengen, naast het gele water van de Solimões. Vanuit *Encontro das Aguas* reist men confortabel naar het Januarimeer. Van daar uit kan men via de *igarapés* ('draslanden') vol met lianen en waterlelies, het bos van de Amazone wat verder binnendringen en er luisteren naar de vogels of liever nog naar de stilte en er een fauna ontdekken die zeer interessant is, maar veel bescheidener dan die van Afrika.

Manaus is legendarisch en houdt haar faam hoog met huizen van uitgehouwen natuursteen, prachtige mozaïeken vloeren en vooral het beroemde Teatro Amazonas, waar Ca-

▲*De zonnestralen dringen moeizaam door het dichte bladerdak in het Amazonebos. De bomen met hun ranke stammen hebben genoeg ruimte om naar het licht te groeien.*

▲*In een poging de weinige overlevenden van de Indiaanse stammen te redden, heeft de regering een aantal reservaten voor hen opgericht, waar toeristen niet worden toegelaten.*

ruso en Sarah Bernhardt optraden in de tijd van de rubbermagnaten. Deze lieden, die van 1880 tot 1912 de macht in handen hadden (zij werden door de Aziatische concurrenten te gronde gericht) en zo rijk en snobistisch waren dat ze hun was in Parijs of Londen lieten doen, verzekerden Caruso en Sarah Bernhardt van een blijvend succes. De Rio Negro, de op heipalen gebouwde wijken en de drijvende markt vormen een andere charme van Manaus. De toeristische toekomst van deze stad met ruim 600.000 inwoners is trouwens verzekerd door het grote aantal internationale vliegtuigen dat er landt en door de goede infrastructuur van het hotelwezen.

◀*De Indianen van het Amazonegebied leven nog op een uiterst primitieve wijze.*

▲*Het Congrespaleis van Brasília is met de beide torens en de omgekeerde koepels zeer representatief voor het ontwerp van Oscar Niemeyer, de beroemde Braziliaanse architect die de bouwmeester van de nieuwe hoofdstad werd.*

Midden-Westen

VAN het Amazonegebied naar Mato Grosso verandert het landschap geleidelijk van moerasbos in het struikgewas van de savannen. Het gebied van de *seringueiro* ('rubbertapper'), die alleen in zijn houten hut midden in de *Selva* woont, verandert in dat van de *garimpeiro* ('goud- of diamantzoeker'), die samen met anderen zijn geluk beproeft op enkele honderden meters van een rivierbedding, die in een 'Far West' kamp is veranderd.

Cuiabá, de hoofdstad van deze staat, is een prettige stad die concurreert met Campo Grande en in mindere mate met Corumbá, aan de Boliviaanse grens. Maar het aantrekkelijke van Mato Grosso is dat het net als Goias, de buurstaat, een enorm niemandsland vormt vlak aan de grote toegangswegen tot het Amazonegebied, waar de grenzen tussen de beschaving en het ruwe, ruige leven erg vaag zijn. De Indianen, die sinds het begin van de kolonisatie zijn gedecimeerd door de naar het binnenland oprukkende blanken,

blijven de tol van de vooruitgang met hun bloed betalen. Voortdurend werden ze verjaagd en soms eenvoudig vermoord door avonturiers in dienst van de *fazendeiros* ('boeren'), goudzoekers of grote veebedrijven. Tapajós, Chavantes, Bororós en Txicões kwamen tenminste nog terecht in FUNAI-kampen (de nationale Indianenstichting) of bij religieuze missies, die over het algemeen door salesianen werden bestuurd. Van de 3 miljoen Indianen die Brazilië eerst

▲*De in glas en beton opgetrokken Dom van Brasília, die 4000 gelovigen kan herbergen, roept associaties op met de doornenkroon van Christus.*

telde zijn er hoogstwaarschijnlijk nog geen 80.000 over. Enkele stammen die diep in het bos nog een primitief bestaan leiden, zijn nog nooit door blanken benaderd. Zij zijn vast en zeker het beste af, te zamen met de stammen die door de broers Cláudio en Orlando Vilas-Bôas van de ondergang zijn gered. Deze twee *Paulistanos* hebben verschillende stammen in het nationale park van Xingú weten onder te brengen en hen daarmee voor de ondergang behoed.

Brasília

De metropool van de uitdaging

Het Xingú-reservaat is per vliegtuig slechts één uur verwijderd van het federale district van Brasília, in de staat Goias. De nieuwe hoofdstad – die vanaf São Paulo en Rio per jet in 90 minuten te bereiken is – beantwoordt daarmee goed aan haar doel: een pioniersstad in het kloppend hart van Brazilië. Het stichtingsplan van deze politieke metropool dateert uit het einde van de 19de eeuw, de eeuw van de utopieën. De stad ligt op een centraal gelegen plateau op bijna 1200 m hoogte, waar de lucht altijd zuiver is. President Kubitschek deed een beroep op de twee grootste architecten en stedebouwkundigen van zijn land, Oscar Niemeyer en Lúcio Costa, om de stad vorm te geven. De twee contrasterende koepels van het Congresgebouw, de kathedraal in de vorm van een doornenkroon, de etherische paleizen van Itamaraty, Planalto en Alvorado kunnen zonder meer tot de meesterwerken van de hedendaagse architectuur worden gerekend.

►*Als van november tot juni door de wolkbreuken de rivieren van het Amazonegebied overstromen, staan de oevers onder water.*

▲*Brasília: op het plein van de Drie-Machten symboliseert een beeld van een geblinddoekte vrouw de gerechtigheid.*

▲*Het Archeologische Park van San Agustín: er is praktisch niets bekend over de prehistorische volksstam die zo'n tweeduizend jaar vóór de komst van de Spanjaarden honderden standbeelden voor onbekende goden oprichtten.*

COLOMBIA

Caribische Zee en Grote Oceaan omspoelen Colombia, dat van noord naar zuid wordt doorsneden door bergketens. De savannen in het oosten gaan over in het oerwoud van het Amazonegebied en in het westen ligt een nauwelijks bewoonde laagvlakte.

HET land kent een grote verscheidenheid in landschap, maar ook in klimaat en bevolking. Er is een enorm verschil tussen de verzengende hitte in het noorden en de ijzige koude in de hoofdstad Bogotá. Maar ook tussen de uitbundigheid van de zwarten van Cartagena, afstammelingen van slaven, en de zwijgzaamheid van de Indianen op de hoogvlakten of in het Amazonegebied. Colombia trekt echter meer dan welk ander land in het Andesgebied ook voordeel uit deze 'melting-pot'. Haar inwoners hebben zich voortdurend met elkaar vermengd en de Colombiaan van vandaag is niet zozeer zwart, blank of rood, maar meestal een halfbloed, mesties of mulat. De vermenging van rassen en de daaruit voortvloeiende homogeniteit lijkt altijd al te hebben bestaan, maar is toch van betrekkelijk recente datum: Colombia was een van de laatste bolwerken van het continent dat zwichtte voor de Spaanse overheersing.

In 1499 ging Alonso de Hojeda, de trouwe luitenant van Christoffer Columbus, tijdens diens derde reis aan land ten zuidwesten van de Antillenzee. Het bleef bij een kortstondige kennismaking. Hij vond uit dat de Cariben, Indianen die bekend stonden om hun wreedheid, deze kusten met een bedrieglijke stilte bewaakten. Hij zou eerst later voet aan wal zetten. Wat hij in eerste instantie miste, waren paarden, mankracht en wapens.

Tien jaren gingen voorbij. In 1509 leidden Alonso de Hojeda en Juan de la Cosa een expeditie die werd gefinancierd door de Spaanse koning. De twee conquistadores

▲*Het Museo del Oro van Bogotá bezit een prachtige collectie precolumbiaanse kunstvoorwerpen.*

herontdekten de uitgestrekte stranden van de Caribische kust, waarlangs door de zon verschroeide bosjes en struiken groeiden. Direct nadat de kleine groep het binnenland introk, werd zij ontvangen door een stortvloed van in curare gedrenkte pijlen. De groep trok zich onmiddellijk terug, maar niet snel genoeg... de helft van de mannen werd gedood. Gevangen genomen en vastgebonden aan een boom, stierf Juan de la Cosa als Sint Sebastiaan, doorzeefd met pijlen. De Spanjaarden waren gewaarschuwd: de Cariben verdienden hun reputatie!

Er gingen circa vijftien jaren voorbij, voordat een andere conquistador, Rodrigo de Bastidas, voet aan wal zette op de kust.
Hij werd vergezeld door 450 kolonisten en in 1525 werden de eerste huizen van Santa Marta, de oudste pioniersstad van Zuid-Amerika, opgericht.

Francisco Pizarro, de latere veroveraar van Peru, waagde zich reeds eerder in de 'Zee van het Zuiden', en de ontvangst die hem aan de kust van de Grote Oceaan werd bereid, was niet anders dan die van de Cariben aan de noordkust!

Op aanwijzing van de Indianen, arriveerde Pizarro in 1524 in de monding van de Piru, die hij tot 'rio San Juan' doopte. Er openbaarde zich een angstwekkend, ondoordringbaar woud, waaruit het gekrijs van papegaaien en het gebrul van apen en andere wilde dieren opsteeg. De plotselinge stiltes waren nog veel huiveringwekkender en de beklemmende atmosfeer maakte dat de Spanjaarden zich niet erg op hun gemak voelden. Eenieder hield de adem in, alsof de vijand in de schaduw op de loer lag. En dat was ook zo: een zachte fluittoon... en een pijl doorboorde de keel van een van de bebaarde veroveraars.

Welke dwaze onverschrokkenheid bracht deze geharnaste mannen ertoe hun riskante tocht door deze groene hel te vervolgen? De vochtige warmte was er bijna ondraaglijk, de paarden zakten weg in de moerasachtige bodem. Er was geen beschutting tegen de steekvliegen, slangen en reusachtige zwarte en harige spinnen.

Kaaimannen lagen roerloos in het stilstaande water van de rivier, de enige waaruit men kon drinken. Voor hun voedsel waren de mannen aangewezen op het leer van hun riemen. Voor allen werd de rio San Juan *el Puerto del Hambre*, de 'Haven van de Honger'. Niet ver daarvandaan waren de eilanden Coq en Gorgona al even ongastvrij. Deze nachtmerrie-achtige oevers in het noorden achter zich latend, zette Pizarro uiteindelijk voet aan land in Ecuador en vond aldaar het lang gezochte *Terra Incognita*. Het Inkarijk van Cuzco in Peru zou worden verwoest voordat de beschaving van de Chibcha's in Colombia zelfs maar ontdekt was en het waren de fabelachtige verhalen van de Indianen die de conquistadores ertoe overhaalden het binnenland verder in te trekken.

El Dorado
De Gouden Man

Sommigen hebben het een mythe genoemd en het is waar dat geen Spanjaard hem ooit heeft ontmoet. Toch heeft *el Dorado*, de 'Gouden Man', wel degelijk bestaan. Het was een Indiaans stamhoofd die bij bepaalde plechtigheden zijn lichaam insmeerde met vet en stofgoud. Door priesters werd hij met een boot midden op het kleine Guatavitameer gebracht, dat boven de stad Bogotá ligt. Glinsterend in de onderstaande zon, wierp de Gouden Mens goud en smaragden in het water voordat hij er zelf in dook. Al het goud waarmee hij was bedekt verspreidde zich rond hem, hetgeen een verblindend schouwspel opleverde. Was dit een offer aan de Zon die, in navolging van andere, vroegere beschavingen, de opperste godheid voorstelde? De menigte juichte de vorst toe en wierp op haar beurt goud en juwelen in het diepe water van het meer. Deze traditie, die al vóór de aankomst van de Spanjaarden zou verdwijnen, is later weer in ere hersteld. In 1532, ten tijde van de ontmoeting tussen de Inka Atahualpa en Francisco Pizarro in Cajamarca (Peru), roemde een ambassadeur uit Chibcha de schatten van het Indiaanse stamhoofd. Herinnerden de vreemdelingen zich niet dat

zij op de vijandige kust Indianen hadden ontmoet met gouden spijkers door hun wangen? Benalcázar, luitenant van Pizarro en latere heerser van Quito (Ecuador) zeker niet.

In 1536 trok Benalcázar naar het noorden en bereikte al snel het Chibcha-gebied. Hier stichtte hij de steden Popayán en Cali. In hetzelfde jaar besloot een Andalusische conquistador, Gonzalo Jiménez de Quesada, het land vanaf de noordkust te verkennen. Sinds de stichting van Santa Marta had een andere

▲ *In de provincie Nariño, dicht bij de Ecuadoriaanse grens, vormt het woeste reliëf van de Andes een serie massieven die door geografen de 'Colombiaanse archipel' is genoemd.*

conquistador, Pedro de Heredia, Cartagena de las Indias gesticht. De Caribische kust was voortaan in Spaanse handen. Quesada voer, nadat hij het onbekende land 'Nieuw-Granada' had genoemd, de rio Magdalena op. Zijn doel was tweeledig: het grondgebied en de heidense geesten te veroveren en de beroemde *el Dorado* te vinden. Met 3000 Indianen, 700 avonturiers en drie brigantijnen drong hij diep door in de eindeloze kronkelingen van de immense rivier. Spoedig sloeg de honger toe. Bij gebrek aan beter aten ze dode paarden en zelfs de lijken van gehuurde Indianen en ongelukkige metgezellen. Ondanks alle hindernissen werden onderweg stammen uitgeroeid en werd uiteindelijk het 'Kastelendal' bereikt, waar de huizen gouden deuren hadden en de graven werden geschonden om smaragden te vinden. Men ervoer dat *el Dorado* niet slechts een man was, maar een gehele landstreek, het Eldorado. En uiteindelijk bereikte Jiménez de Quesada, na de hel, het vruchtbare Bucaramangadal. Slechts 170 mensen waren nog in leven. Ondanks hun geringe aantal wisten zij de hen glimlachend tegemoettredende Indianen te onderwerpen.

▲ *Geïsoleerd aan de noordpunt van de bergketen van de Andes begrenst de hoge Sierra Nevada de Santa Marta de warme kuststreek van de Caribische Zee.*

De Chibcha's waren gelukkig en vredelievend, en hadden van Boyaca hun heilige grondgebied gemaakt. Zij hadden er in Sogamoso hun eerste Zonnetempel gebouwd. Het belangrijkste hemellichaam, genaamd Bochica, had voor hen dezelfde waarde als de Quetzalcóatl voor de Azteken en de Viracocha voor de Inka's. Hun bestuur berustte bij een confederatie van stammen, die elk werden geleid door een *zipa* die zowel over de politieke macht als het religieuze gezag beschikte. Aan hun hoofd stond een soort aartspriester, de *zipa* van Bacatá. Zonder dat ze over de verfijndheid van hun buren in het noorden en zuiden beschikten, hadden de Chibcha's een zeker beschavingspeil bereikt. Hun wetgeving was primitief maar rechtvaardig. Het waren uitstekende landbouwers en opmerkelijke wevers, en ze waren vooral bedreven in het vervaardigen van keramiek en edelsmeedkunst. Hun bewerking van edelstenen en goud was tot ver over de grenzen bekend en verzekerde hen van een bloeiende handel.

Nadat hij de Chibcha's had onderworpen en het toekomstige Bogotá had gesticht met als naam Ciudad Nueva de Granada, bemerkte Jiménez de Quesada dat hij niet de enige heerser was in de streek. Benalcázar en zijn mannen waren vanuit het zuiden gekomen. In 1539 arriveerde vanuit het oosten aan het hoofd van een colonne een Duitser, Nikolaus Federmann. Maar alles werd geregeld: Benalcázar trok verder richting Quito en de Duitser deed tegen betaling afstand van zijn detachement.

Elders ontstond echter toch rivaliteit tussen conquistadores. Karel V stichtte om verdere misverstanden te voorkomen in 1542 de onderkoningschappen Nieuw-Spanje (Mexico) en Lima (Peru). Nieuw-Granada was ondergeschikt aan Lima totdat het zelf in 1717 het onderkoningschap verwierf. Maar langzamerhand trachtte men, zoals overal op het continent, onder het Spaanse juk vandaan te komen. Het onafhankelijkheidsstreven manifesteerde zich en een eerste opstand tegen het moederland werd in 1781 gesmoord. Een tweede opstand, in 1811, liep eveneens op een mislukking uit. Het duurde tot 1819 en de intocht in Bogotá van *Libertador* Simón Bolívar, voordat Nieuw-Granada eindelijk een republiek werd en de naam Colombia kreeg, ter ere van de ontdekker van Amerika. Tot 1830 vormde de nieuwe republiek Groot-Colombia, samen met Venezuela en Ecuador, een confederatie van staten met Simón Bolívar als president. Vervolgens, nadat de andere landen zich hadden afgescheiden, werd de oude naam Nieuw-Granada in ere hersteld. Nadat in 1903 de smalle landengte in het noorden de onafhankelijke republiek Panama was geworden, werd Colombia eindelijk de definitieve naam van het land.

Cartagena

Vertrekpunt van de galjoenen

In de Caribische wereld is alles warmer, luidruchtiger en kleurrijker. Of het nu gaat om Cartagena, Barranquilla of Santa Marta, de zeehavens van de Antillen vibreren dank zij de spreekwoordelijke vrolijkheid van de *costeños* ('kustbewoners'). Men praat hier sneller dan in de *Sierra*, de woorden worden afgebroken, en de laatste 's' wordt ingeslikt uit angst dat de volgende lettergreep wordt vergeten. Ook wordt hier spontaan gedanst op de tegenwoordig zo populaire afro-latijnse muziek. Overal in de *cantinas* schetteren, net zoals in de autobus, uit de transistorradio's tussen een reclameboodschap en het gebed voor de Maagd der Smarten de woeste *cumbias* (typische dansen van de Caribische kust). In de verzengende hitte lijkt de straat op een bijenkorf.

Op de markt van Cartagena verdringt de menigte zich rondom de vleesstalletjes, die wemelen van de vliegen. Vlak bij biedt de fruitmarkt een caleidoscopisch schouwspel. Guaven, papavers, ananassen, mango's, meloenen, watermeloenen, aardbeien ... In de omgeving worden in de restaurantjes de *tinto*, de traditionele kleine kop koffie, en de *aguardiente*, de witte alcohol die van suikerriet wordt gemaakt, geserveerd.

In de ochtendzon schittert Cartagena in al haar witheid. De stad is in 1533 gesticht door Pedro de Heredia en werd afwisselend het 'Cartagena van de Indianen', 'Flor de Agua' en 'Heroïsche Stad' genoemd. Men heeft de stad zelfs wel met Rotterdam vergeleken. De nauwe, altijd geplaveide straatjes kronkelen rond de door palmen overschaduwde pleinen. De lage, wit gekalkte huizen zijn bedekt met rode dakpannen en de voorgevels zijn op sommige plaatsen versierd met balkons en houtsnijwerk, elders met houten traliewerken. Een korte wandeling voert naar de vestingwerken. Zelden hebben vestingmuren deze benaming zo verdiend. Op het Plaza de las Bovedas zijn zij 12 meter hoog en 15 tot 18 meter dik. Ze werden in 1799 gebouwd tijdens een van de veelvuldig voorkomende reconstructiewerkzaamheden van Cartagena. Vanaf de stichting heeft de stad blootgestaan aan bestormingen. Ook werd zij de meest versterkte haven van het 'Gouden Castilië' of, beter, van het 'Grote Spaanse Overzeese Rijk'. In zijn Escorial verklaarde Koning Filips II: 'Ik heb zo veel goud uitgegeven om Cartagena te bouwen, dat ik van hieruit de hoge bouwwerken zou moeten kunnen zien.'

Cartagena was het vertrekpunt voor de met goud beladen galjoenen die als bestemming Spanje hadden. De stad wachtte met ongeduld de terugkeer van de *flota* af, beladen met koopwaren afkomstig uit het moederland. De schepen werden terstond gelost en de koop-

▶ *In Cartagena, vanwaar ooit de Spaanse galjoenen vertrokken, is een groot aantal herinneringen aan haar koloniale verleden bewaard gebleven.*

MARTYRI DICATUM MDC.

▲*Bij de Kogi-Indianen, die in de hooggelegen valleien van de Sierra Nevada de Santa Marta leven, zijn de kleine ronde hutjes bestemd voor de vrouwen en de kinderen; de mannen wonen apart.*

waar werd in de pakhuizen opgeslagen die binnen de versterkte stad verspreid lagen. Dit is de reden waarom de burcht gedurende twee eeuwen de begeerde prooi werd van zeerovers, boekaniers en andere vrijbuiters, die het Caribische gebied onveilig maakten. In 1544, slechts elf jaar na de bouw, is Cartagena al door de Fransman Robert Baal geplunderd. In 1586 werd de stad door sir Francis Drake, vergezeld van 13.000 man, bestormd. De Franse vrijbuiters Pointis en Ducasse plunderden Cartagena in 1697 volledig. De meest gewelddadige aanval, geleid door sir Edward Vernon, vond plaats in 1741. Gedurende 56 dagen belegerden 27.000 mannen en 3000 stuks artillerie Cartagena. Tevergeefs. De stad was een indrukwekkend vesting geworden. De baai stond slechts via twee nauwe haveninvaarten, ten zuiden van de vesting gelegen, in verbinding met de open zee: Boca Grande en Boca Chica. De eerste was afgesloten door een onderzeese dijk; de tweede door een ketting die tussen twee bolwerken was gespannen. De schepen die tot deze afgesloten ruimte wisten door te dringen, konden niet ontsnappen en vielen binnen het bereik van het kanonvuur van de forten die op de oever stonden. Het machtigste fort was dat van San Felipe, dat boven de stad uitstak.

Later, in 1812, maakte Bolívar van Cartagena zijn strategisch centrum. Na langdurige tegenstand, die de stad de naam 'Heroïsche Stad' opleverde, werd de vesting door de royalisten in 1815 opnieuw veroverd. Vijf jaar later herwon zij echter haar vrijheid definitief.

De grijze kleur van de wallen steekt scherp af bij de witte kleur van de lage huizen. Evenzo contrasteert de stilte die de vestingwerken omgeeft met het drukke en bruisende leven van de *Cartageneros*. Een goed humeur is belangrijk op het feest onder de blauwe hemel en de brandende zon. Elk jaar, op 2 februari, beklimmen de bedevaartgangers de heuvel bij het Popaklooster. Het is de dag van de aanbidding van de wonderbaarlijke Maagd, die tegen zeerovers en de pest beschermt. Elk jaar, op 11 november, herdenkt men de onafhankelijkheid van de stad, en maskeraden trekken voorbij op het ritme van de *bombos* (trommels) en de maracas, begeleid door een bloemenpracht. Maar het feest vindt eigenlijk elke dag plaats, bij zonsondergang, wanneer de *zambos* (een mengeling van Zwarten en Indianen) hun werk verlaten en, om wat voor reden dan ook, de *porro* of de *cumbia* gaan dansen.

Santa Marta

Hier eindigt de Andes

Ten noordoosten van Cartagena strekt zich de grote haven van Barranquilla uit over een afstand van 16 km in de riviermond van de rio Magdalena. Het overgrote deel van de buitenlandse handel van Colombia passeert deze drukke stad, waar de straten het hele jaar door het toneel zijn van parades, carnavaleske optochten, dansende mensen en processies.

Zoals Barranquilla trots is op haar tennistoernooi, het 'Wimbledon' van Zuid-Amerika, zo presenteert Santa Marta zich als de grootste badplaats van Colombia. Aan dit superlatief wordt de voorkeur gegeven boven dat van 'de oudste stad van het continent'. Santa Marta is ook de stad waar op 17 december 1830, op de hacienda van San Pedro Alejandrino, de *Libertador* Simón Bolívar, op 47-jarige leeftijd overleed.

Op enkele kilometers ten zuiden van de stad zijn de uitlopers van de Sierra Nevada de Santa Marta zichtbaar. Als laatste bolwerk van het centrale Andesgebergte tekent zij zich af als een punt op een 'i'. Terwijl de besneeuwde top op 5800 m ligt, bevinden zich in de dalen en bossen nog steeds Indianenstammen, zoals de Kogi's, die op jaguars, poema's en een eindeloze verscheidenheid aan vogels jagen. Aan de voet van de sierra zijn onafzienbare bananenplantages, in een vochtig, tropisch klimaat.

Hier situeert de gevierde Colombiaanse schrijver Gabriel García Márquez, auteur van het opmerkelijke *Honderd Jaar Eenzaamheid*, het denkbeeldige dorpje Macondo, de romantische verbeelding van Aracataca waar hij is geboren. Ondanks haar faam is 'Macondo' niet veranderd. Er wordt, zoals altijd, met geestdrift gewerkt, en de arbeid wordt alleen onderbroken voor de trekking van de nationale loterij of om een biertje te drinken in de plaatselijke *cantina*.

In een bespreking van de Caribische kust mag niet voorbij worden gegaan aan het schiereiland dat in het uiterste noordoosten van het land ligt. Deze woestijn van zand en cactussen, Guajira, is dunbevolkt en het domein van Indianen die zich vrijwillig ver houden van de geciviliseerde wereld. De Goajiros leven van visserij en wat veeteelt en zijn erin geslaagd de gewoonten van hun voorouders te handhaven. Zij onderscheiden zich door hun handwerk: ze maken prachtige halskettingen en ruime, witte, lange en wapperende tunieken.

Een korte terugkeer naar Santa Marta maakt het mogelijk de trein naar Bogotá te halen. Degenen voor wie dit traject per trein te lang duurt – bijna 24 uur – kunnen per vliegtuig reizen: Santa Marta, Cartagena en Barranquilla beschikken alle drie over een vliegveld.

▲*De Kogi's zijn de afstammelingen van Indianen die de gewoonte hadden om de lichamen van in de strijd gedode vijanden op te eten, wat de Spaanse veroveraars zeer choqueerde.*

▲De Kogi's leiden een zwaar bestaan in een woest land, maar de vermeende weldaden van de beschaving schijnen geen enkele aantrekkingskracht op hen uit te oefenen.

Bogotá
Contrastrijke hoofdstad

Kil en grijs: zo manifesteert Bogotá zich op 2640 m hoogte. *Carreras* ('lanen') en *calles* ('straten') kruisen er haaks en veelvuldig. Slechts één enkele verkeersader ontsnapt aan deze gigantische viersprong, met als enige herkenningsteken genummerde borden: de avenue Jiménez de Quesada – uniek eerbetoon aan een conquistador – trotseert de saaiheid van de hoofdstad door zich tussen de moderne gebouwen te kronkelen. Torens van glas, staal en beton verheffen zich tegen een vaalbleke hemel in de schaduw van de dichtbijgelegen berg. Dag en nacht prijzen veelkleurige neonreklames de grote Amerikaanse sigaretten- en drankmerken aan.

Na enkele dagen in de grauwheid van de grote stad doorgebracht te hebben, ontdekt de oplettende vreemdeling vlak bij de grote internationale banken, achter de handelscentra, en achter het Hilton en andere luxe hotels, het Bogotá van vroeger. Hier bevindt zich de San Franciscokerk, met het Moorse plafond. Daartegenover staat de kerk van de Tercer Orden ('Derde Orde'), met prachtige altaren en biechtstoelen van houtsnijwerk. Nog dichterbij vindt men de Santa Barbara, de San Agustín en de San Ignacio, die de werken van de grootste schilder van het koloniale tijdperk, Gregorio Vasquez de Arce y Caballo (1638-1711), herbergt. De kerk van de Concepción – de oudste – heeft een in vakken verdeeld plafond dat geïnspireerd is door de islamitische stijl van de kerken in Segovia en Toledo, en de Capilla del Sagrario (17de eeuw) onderscheidt zich door de ingelegde turkooizen stenen. De kathedraal, ten slotte, bewaart talloze schatten zoals bewerkte metalen voorwerpen, beeldhouwwerken en schilderijen, los van haar buitengewone architectuur, waarin de Ionische stijl zich vermengt met de Dorische en Toscaanse kunst. Niettemin heeft de artistieke originaliteit van Bogotá minder te danken aan de koloniale tijd dan aan het precolumbiaanse erfgoed, waarvan het belangrijkste in twee musea geëxposeerd wordt. Het Archeologisch Museum, ondergebracht in het zeer mooie herenhuis van de markies van San George, bezit belangrijke verzamelingen Indiaans aardewerk en monolithische beeldhouwwerken die uit het San Agustíngebied afkomstig zijn. Niets overtreft evenwel het befaamde Museo del Oro in pracht en verscheidenheid. Er zijn meer dan 26.000 stukken te vinden, afkomstig van de beschavingen van de Chibcha, Quimbaya, Tairona, Muisca, Calima, Nariño, Cauca, Tumaco, Tolima en Sinu. Het meest kostbare is zonder twijfel de *Balsa de Oro* (het 'Gouden Vlot'), in 1969 ontdekt door boeren uit Pasca: het geeft *el Dorado* weer, voordat hij in het Guatavita-meer duikt. Voorts treft men er in overvloed vazen, diademen, gespen, oor- en neushangers en filigraine borstversieringen aan. Het goud vermengt zich met smaragden, zilver en kostbare stenen van het schiereiland Guajira. Met verbazing komt men tot de ontdekking dat de hangermotieven – vogels, kikkers – dezelfde zijn die tegenwoordig op de juwelen van Midden-Amerika (Panama en Costa Rica) te vinden zijn. U zult tevens ontdekken dat de Chibcha's zich niet tevreden stelden met de primitieve methode van koperslagers om goud te bewerken: zij verstonden reeds de kunst van het gieten met behulp van was.

▲*Masker, helm en gouden sieraden van een Indiaans opperhoofd. (Museo del Oro, Bogotá).*

Zakencentrum? Museumstad? De stad die men de bijnaam het 'Athene van Zuid-Amerika' gaf en waar het zuiverste Castiliaans wordt gesproken is veel meer dan dat! Men doet er goed aan van een van de musea naar een markt te slenteren, of van een van de kerken naar het Plaza Bolívar. Ook moet men beslist het kabelspoor nemen en de stad, die zich als een inktvlek uitbreidt en waar de mooie stadswijken in het noorden naar het zuiden toe geleidelijk overgaan in krottenwijken, vanaf de Montserrat – het doel van vele zondagse wandelingen – aandachtig bekijken. Eerst dan leert men het leven in Bogotá enigszins kennen.

's Morgens vroeg lossen de *campesinos* ('boeren') hun vrachtwagens. In minder dan geen tijd worden de stalletjes op de marktplaats opgezet. Aan de ene zijde vindt men

▲*Als herinneringen aan een ver verleden dateren de meeste kerken van Bogotá uit de tijd dat Colombia nog 'Nieuw-Granada' heette.*

▶*Hoewel Bogotá nu een zeer moderne stad is, hebben een aantal straten, zoals de San Carlosstraat, een koloniale sfeer behouden.*

▶▶*Dichtbegroeid, angstwekkend en door en door vochtig: het Amazonewoud dicht bij Leticia.*

PARE

▲*De prachtige, klassieke façade van de kathedraal van Bogotá is gericht naar het Plaza Bolívar, midden in de hoofdstad.*

ruanas (de korte poncho's van Colombia) en veelkleurige wollen dekens, aan de andere zijde lederwaren, tassen, laarzen en riemen; iets verderop keramiek, sieraden en vlechtwerk. De straten lopen vol. Auto's en bussen proberen zich al claxonerend een weg te banen door de drukte.

Terwijl de ijzeren rolluiken van de winkels worden opgetrokken, koopt de onberispelijk gekamde en verzorgde zakenman een krant, drinkt een *tinto* aan de bar van een café en neemt plaats tegenover een *limpiabotas* ('schoenpoetser').

Op hetzelfde moment komt er in de verborgen hoeken van de straten beweging in de stapels kartonnen dozen en oude kranten. Er komen slaperige gezichten onder vandaan, met verwarde haren en met vegen en smeer bedekte wangen. Het is tijd om op te staan voor de *gamines* van Bogotá. Huiverend in hun truien met gaten rent er één een afgedragen schoen na waaraan een hond loopt te rukken, terwijl een ander het touwtje strakker trekt waarmee zijn veel te grote lange broek vastzit. Ze gaan proberen een *empanada* ('beignet') te stelen om vervolgens een voor

▶ *Verheven tot 'nationaal monument' en zorgvuldig gerestaureerd is het vreedzame Villa de Leyva een aangenaam vakantieoord geworden.*

▲*In het ongerepte oerwoud vormen de vele stroompjes de enige verbindingswegen.*

een de andere leden van de jeugdbende op te zoeken...

De *gamines* zijn geen gewone kinderen. Geboren in deze ellende, proberen zij de vicieuze cirkel waarin zij leven te doorbreken.

Maar het is beter te zeggen dat zij er de spot mee drijven. In de leeftijd van 5 tot 15 jaar hebben deze *carasucias* ('straatschoffies') verkozen op straat te leven en weg te vluchten van hun vader die aan de drank is of hun moeder die zich prostitueert. Zij slapen dicht tegen elkaar aan op straat en rommelen in vuilnisbakken en op gemeentelijke vuilstortplaatsen. Zo nu en dan vervullen zij allerlei soorten baantjes: krantenverkoper, schoenpoetser of publiciteitsclown (per dag betaald door een winkel). Gegroepeerd in *galladas* zijn ze bij een opstootje of een verkeersopstopping onmiddellijk ter plaatse. Dan gaat het erom wie de meeste achteruitkijkspiegels of ruitewissers steelt (om deze een paar honderd meter verder weer aan de oorspronkelijke eigenaren terug te verkopen), dan wel de meeste tasjes of het meeste fruit. Wanneer de buit verdeeld is, wijden de *gamines* zich aan de *colincharse,* de kunst zich vast te klampen aan de bumpers van auto's en zich vervolgens te drogeren door de uitlaatgassen diep in te ademen. De Titis van Bogotá, de hippies vanaf kindsbeen, kennen de stad als geen ander. De autoriteiten hebben tevergeefs getracht dit sociale probleem op te lossen. De *gamines* blijven trots, onafhankelijk, ongrijpbaar en tegelijk meelijwekkend in hun verlangen afstand te nemen van het leven van een paria dat hun ouders leiden.

Iedere dag overigens groeit het aantal werklozen in Bogotá. Voor het merendeel gaat het om boeren die hun land hebben verloren of die onvoldoende inkomsten hebben om in hun onderhoud te voorzien. Zij trekken dan naar de stad om er werk te vinden en zijn er snel een illusie armer. Men vindt ze, van iedere leeftijd, terug als kauwgom- of sigarettenverkoper voor een belachelijk loon. De criminaliteit neemt tegelijkertijd sterk toe. Bogotá gaat tegenwoordig door voor de hoofdstad van het geweld en de angst, hoewel de situatie sinds enkele jaren schijnt te verbeteren. Bogotá heeft bijna drie miljoen inwoners, dit wil zeggen dat ongeveer 10% van de Colombianen in de hoofdstad woont.

Boyacá

Waar geschiedenis is geschreven

Ten noorden van de hoofdstad strekt zich de provincie Boyacá uit, sedert mensenheugenis een bevoorrechte streek. Vroeger was het de heilige grond van de Chibcha's, in recenter tijd het toneel van beslissende gevechten tijdens de onafhankelijkheidsoorlog. In deze provincie zijn uit haar koloniale verleden dan ook enkele van de mooiste vestingen van Colombia bewaard gebleven.

▲*De Indianen die in de drukkende warmte van de vlakten leven zijn schaarser gekleed dan die uit het strenge klimaat van het Andesgebied.*

Villa de Leyva is een zeer bijzondere plaats. Het lijkt alsof er sedert vier eeuwen geen steen is verplaatst in dit gehucht. Rondom het geplaveide plein staan witgekalkte *manzanas* ('huizenblokken'). Het huis waar de onderkoningen de zomer doorbrachten, lijkt bevroren in de tijd. Alleen de kerkklok herinnert eraan dat binnen deze oude muren wordt gewoond.

Op een uur afstand ligt Tunja, de hoofdstad van de provincie, op zo'n 3000 m hoogte in het Andesgebergte. Het wordt beschouwd als één van de koudste steden van het land en vaak vergeleken met Toledo vanwege haar typisch Spaanse architectuur: smaakvolle hekjes, patio's, kloosters met gebeeldhouwde galerijen, zware deuren en met landsheerlijke schilden beslagen frontons. Van de prachtige kerken moeten o.a. de Santo Domingo, de Santa Bárbara en de kapel van Santa Clara worden genoemd.

Op enkele kilometers van Tunja, bij de brug van Boyacá, herinnert een monument aan de verpletterende overwinning die Bolívar behaalde op de legers van de royalisten. Het was tevens een klinkende overwinning op de natuur: alvorens de eerste uitlopers van de oostelijke bergketen te passeren, was de *Libertador* immense rivieren en stromen overgezwommen en was hij zonder een levende ziel te ontmoeten de eindeloos uitgestrekte savannen van het oosten overgestoken. Deze onmetelijke prairies, *llanos* genaamd, vormen vandaag de dag het domein van de *vaqueros*, de Colombiaanse cowboys. Alsof ze centaurs zijn, drijven zij dagenlang achtereen op hun paard gezeten vee van de ene *hacienda* naar de andere.

Ten zuiden van de *llanos* begint het ongerepte oerwoud. Door de zon verbrande planten en grassen groeien in een dichte, overvloedige en vochtige vegetatie. Het Amazonegebied is een ondoordringbare hel voor de mens en het domein van dieren zoals tapirs en ocelots, maar ook van talloze apen, vogels en reptielen zoals de anaconda, een slang die in staat is een kalf te verstikken. Alleen de oevers van de grote rivieren zijn voor de mens bewoonbaar.

In de zuidelijke punt van het land, midden in het Amazonegebied, is Leticia een toeristisch centrum geworden. Men kan er vissen op de *pirarucu* die 100 kg kan wegen, jagen op pekari's (navelzwijnen) en kaaimannen, en excursies maken naar de meren Yaguacata en Tarapoto, waar de reuzewaterlelie *(Victoria*

▶ *De ondoordringbare vegetatie werpt een donkere muur op langs de talloze rivieren in het Amazonewoud.*

▲*Het Archeologische Park van San Agustín: deze kleine figuurtjes die dreigend hun tanden laten zien, symboliseren de gespletenheid van de persoonlijkheid. (Tempel van Mesita B.)*

regia) bloeit, waarvan de bladeren een doorsnee van 1,50 m kunnen bereiken en een kleuter kunnen dragen. Overigens wordt het woud, een onmetelijk gebied voor bos- en waterbouw, slechts door enkele Indiaanse stammen bewoond. In deze nog onontdekte gebieden vormen pijl en boog en curare nog steeds geduchte tegenstanders voor de conquistadores van de 20ste eeuw.

▲*De onderaardse graven van Tierradentro, versierd met geometrische schilderingen, zijn uniek in de Nieuwe Wereld.*

San Agustín

Precolumbiaanse schatkamer

Ten zuiden van Bogotá, waar de oostelijke en de centrale bergketen bij elkaar komen en de rio Magdalena nog maar een jong, kabbelend stroompje is, bevindt zich het fabelachtige archeologische centrum van San Agustín. Op 1700 m hoogte bevinden zich op de groene toppen een necropolis, grafheuvels en monolitische precolumbiaanse standbeelden tot ca. 5 m hoogte. Alsof de graven nog niet voldoende indruk maken, karakteriseren de afgodsbeelden de Agustijnse kunst ten volle. Men vindt er allerlei verwrongen en afschrikwekkende figuren alsook de goden van centraal Amerika. En voorts de adelaar, symbool van het licht en de macht, de slang, de god van de vruchtbaarheid, de regen en de aarde, en de katachtige mens met zijn scherpe tanden, die de opperste Zonnegod voorstelt. Te paard of per jeep heeft men er minstens twee dagen voor nodig om de drie uitgestrekte plaatsen Alto de los Idolos, Alto de las Piedras en het Archeologische Park te verkennen.

Een route bezaaid met haarspeldbochten laat dit fantastische landschap achter de reiziger verdwijnen, leidt hem vervolgens over de rio Magdalena en gaat dan weer omhoog langs de uitlopers van de centrale bergketen. Hij passeert boeren met gebronsde gezichten en spleetogen, die evenals hun vrouwen een *ruana* en een vilthoed dragen. Kinderen trachten de reiziger te doen stoppen en bieden de lokale specialiteit aan: een stuk geitekaas met een plak guavepâté. De bergen hebben een donkere kleur groen en de ravijnen zijn duizelingwekkend diep. Aan het einde van de westflank van de bergketen, in de richting van de vallei van Pubenze, doemen bamboepalmen en agaven met dikke, vlezige bladeren en reusachtige bloeiaren op. Popayán is niet ver meer.

▲*Het Archeologische Park van San Agustín: dit standbeeld met de gefronste wenkbrauwen heeft een uitzonderlijk bewerkt kapsel. (Mesita B.)*

Popayán en Pasto
Lieflijkste stad van Colombia

Het bekoorlijke Popayán werd in 1536 gesticht door Benalcázar en ligt op 1760 m hoogte aan de voet van de vulkaan Purace. Het milde klimaat en de klassieke Spaanse architectuur maken haar tot de meest aangename stad van het land. Van oudsher een aristocratisch en conservatief gebied, is Popayán altijd een kweektuin van politici geweest. Haar oude universiteit (1640), gerenommeerd in heel Colombia, grenst aan de San Franciscokerk, een kerk vol schatten die doen denken aan San Agustín, zoals de kapel van de Encarnacion. Men moet tevens langs de Calle de los Proceres lopen, waar de huizen met twee étages uit de koloniale tijd een prachtig voorbeeld vormen van de Andalusische rococostijl.

Tijdens de heilige week wordt de stad gevuld door een onafgebroken optocht van heiligenbeelden, veelkleurige houten standbeelden op ware grootte en geraamten. De processie baant zich een weg door de menigte van boeren die van het land zijn toegestroomd, vergezeld van hun vrouwen.

Popayán is een stopplaats op weg naar de

▲*Iedere dinsdag trekken de Guambiano-Indianen, gekleed in hun mooiste ruana (poncho), naar Popayán om op de markt hun geweven stoffen te verkopen.*

uitgestrekte vallei van de Cauca, die naar het noorden toe omhooggaat. In Cali, in een gebied waar men rijst, suiker en katoen overvloedig oogst, zijn naar men zegt de mooiste meisjes van het land te vinden. Maar welke grote Colombiaanse stad maakt eigenlijk geen aanspraak op een of ander voorrecht? Is, meer naar het noorden, Medellín, de rivaal van Bogotá en de enige echte industriestad van het land, niet ook de 'hoofdstad van de orchidee', de 'stad van de eeuwige lente', de ontmoetingsplaats van de grote textielproducenten en koffieplanters?

Een reis naar Popayán betekent tevens een trip naar Pasto en de Ecuadoriaanse grens. Pasto vormt het centrum van een regio waar landbouw en industriële veehouderij worden bedreven en heeft weinig interessants te bieden. Dit geldt ook voor de kuststrook van de Grote Oceaan. Ten zuiden van de haven van Buenaventura strekken zich over honderden kilometers slechts stinkende moerassen uit. En voor wat betreft het noorden, los van het kleine plaatsje Quibdó, dat een graantje meepikt van het Colombiaanse platina en goud, wie zou er in dit regenachtige, drukkende klimaat willen leven? Tot aan de Panamese grens is de jungle ondoordringbaar, het rijk van wilde dieren – de vijandige jungle die Pizarro meer dan 400 jaar geleden vergeefs trachtte te overwinnen.

▶ *Een grote kerk in Spaanse stijl, omgeven door laagbouw en akkers: El Cocuy, een karakteristiek dorpje in de oostelijke Cordillera, gelegen op een hoogte van meer dan 4000 m.*

▶▶ *Popayán: aan de rand van de stad, op de top van een heuvel, tekent de witte kapel van Belén scherp af tegen het decor van groene bergen.*

▲ *Als lastdier en leverancier van melk, vlees, wol en leer is de lama niet uit het leven in de Andes weg te denken, zoals hier op een markt in Urcos, in de buurt van de hoofdstad Lima, waar een Indiaan een lama te koop aanbiedt.*

PERU

De kust, de bergen en het tropisch oerwoud zijn de drie landschappelijke gezichten van Peru. In cultureel opzicht is Peru vermaard om de fascinerende resten van de Inka-steden Cuzco en Machu Picchu.

AAN de kust laat het land zich niet van zijn mooiste zijde zien. Hier geen vruchtbare vlakten met tropische landbouw, want de smalle strook langs de oceaan is een 2200 km lange woestijn. De kust van het op twee na grootste land van Zuid-Amerika heeft niets anders te bieden dan grauwe rotsen, zilverkleurig struikgewas en vuilgele duinen. De Panamerikaanse Snelweg loopt door een maanlandschap waar de allesbehalve stille Stille of Grote Oceaan voortdurend tegenaan beukt.

Een enkele oase onderstreept de dorheid van de vlakten die eens door de Inka's geïrrigeerd werden. In de oasen Piura, Chiclayo en Trujillo wordt intensieve akkerbouw bedreven: rietsuiker, rijst en katoen. In Trujillo, de vierde stad van het land, zijn fraaie herinneringen aan het koloniale verleden bewaard gebleven. Hiervandaan loopt een weg naar het oosten tegen de uitlopers van de Andes omhoog naar de hoogvlakte van Cajamarca (2730 m). In deze bekoorlijke omgeving werd Atahualpa, de laatste vorst van Peru, gevangengenomen. De kamer die de afgezette keizer tot gevangenis diende en zijn geliefde zwavelhoudende warmwaterbronnen zijn nog altijd te bezichtigen.

Maar het was in het noorden, vlak bij de huidige grens met Ecuador, dat een handjevol Spaanse avonturiers in het begin van de 16de eeuw aan land kwam. Wat was hun doel? 'God en de Koning dienen, het Licht brengen aan hen die in duisternis leven en rijk worden', zoals de conquistador en geschiedschrijver Bernal Diaz del Castillo schreef.

De Inka-beschaving

Het Rijk van de Zon

Als in 1527 de uitkijk van het Spaanse flottielje 'Tumbes!' roept, trekt er een glimlach over het gezicht van Francesco Pizarro, die zijn baantje als varkenshoeder ingeruild heeft voor dat van conquistador. Eindelijk gevonden, die veelgeroemde haven die in de gesprekken met kooplieden, op volle zee ontmoet, voortdurend was opgedoken.

Ze komen daar mannen tegen met enigszins spleetvormige ogen, een adelaarsprofiel en kostbare kakelbonte kledij. Tactvol en discreet winnen ze inlichtingen in. Ja, inderdaad, er bestaat wel degelijk een fabelachtig rijk..., achter de bergen... en heel groot... van noord naar zuid... Nadat de geschenken uitgewisseld zijn kiest het flottielje weer het ruime sop.

Vier jaar later, in 1531, gooien drie grote karvelen iets ten noorden van Guayaquil (Ecuador) het anker uit. Deze keer heeft Pizarro ongeveer 180 metgezellen bij zich. Het zijn avonturiers zoals hijzelf, nietsontziende ijzervreters op jacht naar gewin. Het gezelschap trekt zuidwaarts en heeft zwaar te lijden onder honger en dorst. Spoedig doet ook de felle kou zijn intrede. Ze wankelen langs afgronden over met ijs bedekte toppen en krijgen te kampen met de *soroche* ('bergziekte'). Na twee uitputtende maanden krijgen de manschappen de hoogvlakte van Cajamarca in zicht. Daar worden zij opgewacht door Atahualpa, keizer der Inka's, die al op de hoogte gebracht is van de aantocht van de 'gebaarde monsters'. Achter hem staat een leger van 20.000 man...

De beschaving van de Inka's is dan op zijn hoogtepunt. Het rijk van de 'Vier Windstreken' *(Tahuantinsuyo)* strekt zich duizenden kilometers ver uit over het oerwoud, de bergen en de kustlijn. In tegenstelling tot wat men vaak denkt, bestaat het rijk nog niet lang. De eerste Inka's verschijnen in de 12de eeuw en komen uit de buurt van het Titicacameer. Zij proberen de grote Indiaanse vorstenhuizen te onderwerpen en daarna tot één geheel te smeden. Eerst zijn de Aymaras aan de beurt, dan de Quechuas. In de 15de eeuw gaan de Chimús in hun rijk op en maken ze korte metten met de Caras, de voorvaderen van de Indianen in Ecuador. Naast de bestaande dialecten wordt overal het quechua als officiële taal ingevoerd.

Naar het schijnt kenden de Inka's noch het wiel noch het schrift, maar desondanks bleken zij opmerkelijke bouwmeesters en boekhouders te zijn. Ze lieten kolossale tempels en onneembare vestingwerken verrijzen. De woestijn langs de kust werd geïrrigeerd en in het land verschenen voorraadschuren. Tevens werd er een wegennet aangelegd dat vandaag de dag zijn gelijke bij veel volkeren nog niet kent. Tussen de hoofdstad Cuzco en Quito ligt een 1600 km lange, geplaveide weg. Omdat men noch het bestaan van het wiel noch van het paard kent, worden de boodschappen mondeling door hardlopers, *chasqui*, in estafette naar alle hoeken van het rijk overgebracht. Soms heeft de *chasqui* een *quipu* bij zich. Deze bestaat uit een aantal samengebonden touwtjes waarvan iedere knoop een aparte betekenis heeft. Dit ingewikkelde systeem vervangt het schrift en maakt het mogelijk om de lopende rekeningen, statistieken en annalen van het rijk bij te houden. Want in deze goed georganiseerde maatschappij wordt niets aan het toeval overgelaten.

Iedere eenheid van tien gezinnen staat onder leiding van een hoofdman. De mannen moeten huwen als ze 25 jaar zijn en belasting betalen in de vorm van werkzaamheden. Tevens dienen ze verplicht in het leger. De vrouwen huwen op achttienjarige leeftijd. Zij verzorgen de beesten en weven de wol. Allen bezitten een lapje grond, maar eerst moet er op de akkers van de vorst en van de zieke of afwezige dorpsgenoten gewerkt worden. Als tegenprestatie voert de overheid een soort stelsel van sociale zekerheid avant la lettre in. De staat zorgt voor de zieken, invaliden en bejaarden en verdeelt al naar gelang de behoeften van een ieder de opbrengst van landbouw en veeteelt op de staatsdomeinen.

Er zijn ook opperhoofden voor iedere groep van 100, 500, 1000, 10.000 en 20.000 gezinnen. Hierboven staan vier hoogwaardigheidsbekleders die de titel *cápac* dragen. Zij besturen de provincies Noord, Oost, Zuid en West. Aan het hoofd van deze raad der wijzen staat de *Sapa Inka* die de absolute macht uitoefent. Door zijn onderdanen, die hem tot de dood toegewijd zijn, wordt hij aanbeden en gezien als zoon en plaatsvervanger op aarde van Viracocha, de Zonnegod, alsmede vader van de Maan en van de Donder en de Bliksem.

Deze bijzondere piramide stort op 16 november 1532 ineen, als Atahualpa met pracht en praal naar Cajamarca komt om Pizarro te ontmoeten. Hij vermoedt geenszins dat er in het diepe schaduwduister weggescholen haakbusschutters en lansiers liggen te wachten op een teken. Dan, plotseling, komt de aanval. Haakbussen branden los, hoefgekletter, de ruiters stormen voorwaarts en het kanon dondert onder de heldere hemel. De Indianen, die als vrienden gekomen waren, worden door paniek overmeesterd. Atahualpa is de enige die zijn waardigheid niet verliest. Aan de haren wordt hij naar een kamer van 5 bij 7 m gesleept en opgesloten. In ruil voor zijn vrijheid moet de kamer tot boven zijn hoofd met goud en juwelen volgestort worden. Negen maanden later is het losgeld bijeengebracht. Desondanks wordt de Inkavorst, die intussen onvrijwillig bekeerd is tot het katholicisme, onder de naam Juan de Atahualpa aan de wurgpaal om het

▲*Gouden offermes (tumi). Dit soort voorwerpen wakkerden de Spaanse hebzucht aan die de Inka's noodlottig werd. (Museum voor Antropologie en Archeologie, Lima)*

▲*Vlak bij Cuzco vieren de Indianen ieder jaar het zomersolstitium: het Inti Raimi-feest. Twee aan twee dragen de Maagden van de Zon symbolische offeranden mee.*

▲*De berg Huascarán is met 6768 m de hoogste top van de Cordillera Blanca en tevens van Peru.*

leven gebracht. Het onthoofde keizerrijk tuimelt als een kaartenhuis ineen. Tien miljoen Indianen in hun slaafse onderworpenheid aan een absoluut heerser hebben plotseling geen meester meer. Slechts gewend om te gehoorzamen, worden ze tot slaven van de Spanjaarden. Er breken zo hier en daar opstandjes uit die vervolgens wreed neergeslagen worden.

Nadat de Spanjaarden de buit verdeeld hebben, vestigen zij zich in het land. Op de as van het verwoeste rijk verrijzen paleizen, kerken en kloosters. Lima, in 1535 door Pizarro gesticht, wordt de hoofdstad van het onderkoninkrijk. De eeuwen verstrijken. Spanje maakt de dienst uit en legt met hoge schattingen een zwaar juk op. Handel met ieder ander land dan het moederland is verboden. Deze voogdij beknelt en beknot de nieuwe meesters van dit werelddeel. Velen zijn intussen van gemengd bloed en voelen zich meer Zuid-Amerikaan dan Spanjaard. In de 17de en 18de eeuw steekt een geest van opstandigheid af en toe de kop op. Maar pas in het begin van de 19de eeuw gaat het echt spoken. Dan zwaait een jongeman in Venezuela het vaandel van de revolutie. Hij komt uit een gegoede familie; zijn naam is Simón Bolivar. Met een bijeengeraapt legertje levert hij voortdurend slag met de 'royalisten'. Zijn lange kruistocht begint in Venezuela en loopt door Colombia, Ecuador en Peru om in Bolivia te eindigen. Al snel versterken republikeinen de gelederen van deze *libertador*. Andere revolutionaire voormannen steunen hem in de strijd: Jose de San Martin uit Chili roept in Lima op 28 juli 1821 de onafhankelijkheid van Peru uit. De overwinning van generaal Sucre in 1824 bij Ayacucho brengt de Spanjaarden de beslissende slag toe. Hoewel het Bolivar niet gelukt is om de bevrijde staten onder één vlag te verenigen, blijft hij de man die hun onafhankelijkheid heeft bewerkstelligd.

Lima

Hoofdstad van de onderkoningen

Lima heeft net zoals andere hoofdsteden in Zuid-Amerika een moderne zakenwijk met kille onpersoonlijke flatgebouwen en een luxueuze villawijk die omgeven wordt door krottenwijken *(barriadas)*. Maar de oude binnenstad, die Pizarro zo na aan het hart lag, is niet veranderd. Daar is nog altijd het Plaza de Armas en de kathedraal waar de (vermeende) mummie van de conquistador in een glazen sarcofaag ligt. Moderne bouwwerken zoals het paleis van de Gouverneur en het stadhuis misstaan niet op dit vierkante plein omzoomd met arcades onder de oude balkons en de houten luiken.

Vlak bij staan vier kerken, architectonische hoogtepunten uit de Spaanse barok: la Merced, het heiligdom van de Maagd die middels een mirakel de stad van de piraten redde; de Santo Domingo, waar de as van de Heilige Rosa, de eerste zaligverklaarde van de Nieuwe Wereld, bewaard wordt; de San Francisco met zijn catacomben en bibliotheek die meer dan 20.000 titels telt; en als laatste de San Pedro met zijn vergulde altaren en de beroemde klok *Abuelita* ('omaatjelief'), die met zijn bronzen klank als eerste de onafhankelijkheid begroette.

Twee andere bouwwerken in het centrum trekken eveneens de aandacht: de Torre

▲*Lima: zoals veel gebouwen op de Plaza de Armas heeft ook het paleis van de aartsbisschop met houtsnijwerk versierde balkons.*

Tagle, een in zeer goede staat verkerend Sevilliaans paleis, en de Casa de la Inquisición, waar de martelwerktuigen *in situ* tentoongesteld worden in de onheilspellende keldergewelven. In de voorstad Monterrico bevinden zich het Goudmuseum en het Museum voor Anthropologie en Archeologie. Beide zijn een bezoek waard. Men vindt er de stille getuigen uit de verdwenen precolumbiaanse beschavingen: juwelen, aardewerk en stoffen die buitengewoon knap geweven zijn.

Lima is een stad waar de wandelaar zijn hart kan ophalen. Al slenterend ontdekt hij op de markt de ambachtelijke produkten uit de Andes en in een restaurantje met uitzicht over de zee is het prettig kennismaken met de *ceviche* (marinade van vis of garnalen). Lima onttrekt zich aan het woestijnklimaat en ondanks de eeuwige nevel boven de stad is de temperatuur er aangenaam zacht. Vlak bij Lima ligt de havenstad Callao, de tweede stad van Peru. Hier wordt driekwart van de import en een kwart van de export verladen. Ondanks de ongastvrije aanblik van de kuststreek woont hier 40% van de bevolking. Ze werken in de conservenindustrie, de visserij en de kunstmestfabrieken die als grondstof *guano* gebruiken (vogelmest van de oceaaneilanden). De opbrengsten van de oasen en de delfstoffen uit de bergen vinden ook hun weg hierheen.

De bergen zijn namelijk vlak bij en per trein makkelijk te bereiken. Er staan ook andere wegen open om in de Sierra te komen, maar de tocht per spoor staat terecht bekend als een van de wonderen van Zuid-Amerika.

▶ *Fleurige linten en kleurige mutsen van lamawol op een dorpsfeest in een dal van de Andes.*

▲*Folklore tijdens het feest van de Zon: in de straten van Cuzco valt in juni altijd de bonte kleurenmengeling van de traditionele klederdracht te bewonderen.*

Sinds eind 19de eeuw ligt er een 420 km lange spoorweg tussen Callao en Huancayo in het Andesgebergte. Op 800 m hoogte verandert het landschap als bij toverslag. In de vruchtbare valleien staan boomgaarden in bloei. De trein verandert 22 keer van rijrichting om alle hellingen te kunnen nemen. Het traject slaat verder ook alle records: er zijn 59 bruggen, 66 tunnels en op 4781 m ligt het hoogste station ter wereld, La Oroya. Het eindstation Huancayo (3620 m) is een van de graanschuren van Peru.

▲*Na de vernietiging van Cuzco bouwden de Spanjaarden kerken in barokstijl op de funderingen van de oude tempels.*

Met de bus is het 8 à 10 uur gaans van Huancayo naar Ayacucho. De weg is bochtig en slecht, maar biedt een prachtig uitzicht over de bergweiden met grazende lama's. Boven de 4000 m verdwijnt alle begroeiing en begint de woestenij van de Puna Brava. Wolken en witte toppen spiegelen zich in de blauwe meren. De koude lucht prikt in het gezicht, de bergziekte ligt op de loer. In deze uitgestrekte verlatenheid schijnt slechts de reuzencondor zich thuis te voelen. De bus hobbelt verder langs de rand van de indrukwekkende canyon van de río Santo Tomas. Laat in de nacht wordt Ayacucho bereikt.

Hier versloeg generaal Sucre in 1824 de royalistische legers. De houten balkons en de karakteristieke lage huisjes met hun pannendaken laten die tijd herleven. Ayacucho is niet zo'n grote stad, maar bezit toch oogstrelende gebouwen (waaronder 33 kerken).

Naar Cuzco kost het meer dan 27 uur met de bus over een armetierig weggetje. Deze lange en soms gevaarlijke tocht kan achterwege blijven als men het vliegtuig naar de oude hoofdstad neemt. Tijdens de vlucht ontrolt zich een boeiend schouwspel. De ene bergkam is nog hoger dan de andere en in diepe kloven zoeken wildschuimende bergbeken hun weg naar de vallei van Cuzco.

Cuzco
'Navel der Aarde'

De Inka's vergeleken Cuzco met een luiliggende poema waarvan de kop waakzaam over

de vallei uitkeek. De poema symboliseert de macht en het gezag van Cuzco als middelpunt van de wereld (*cuzco* betekent 'navel' in het Quechua). De hoofdstad telde paleizen, tempels, overheidsgebouwen en de Coricancha, de tempel van de Zon.

De straatjes zijn somber en smal achter lange vestingwallen van grote zwarte stenen. Deze muren overleefden zowel aardbevingen als de vernielzucht van de Spanjaarden. De stenen zijn zo precies gehouwen dat het zelfs

▲*Doordat het centrum van Cuzco in een dal ligt, lopen de straatjes naar de Plaza de Armas vaak zeer steil naar beneden.*

nu nog onmogelijk is om er een speld tussen te krijgen. De twaalfhoekige steen van de Calle Triunfo in het fort Sacsahuamán dat boven de stad ligt, levert het overtuigende bewijs van hun vakmanschap. Men vraagt zich nog altijd af hoe de Inka's, die geen katrollen hadden, deze gigantisch zware blokken (tot 350 ton) omhoog kregen. Er zouden 30.000 arbeiders gedurende 70 jaar aan de bouw van de vesting gewerkt hebben.

In Cuzco zelf werden de bouwwerken door de Spaanse indringers geplunderd en vernield. Op die plaatsen staan nu kerken en kloosters, ware schatkamers van barokkunst: onschatbare schilderijen, plafonds van kostbare houtsoorten, gouden beelden en massief gouden altaren. Aan de hand van de bijeengeroofde schatten en de achtergebleven funderingen kan men de staat van welvaart die de Inka's bereikt hadden nog goed aflezen.

Daarentegen bieden de afstammelingen van de meesters van weleer een troosteloze aanblik. Sommigen zitten op de markt achter kleine stapeltjes groenten of fruit, anderen verkopen wollen *ponchos* en kakelbonte mutsen waarvan de vorm al vierhonderd jaar hetzelfde is. Want voor de Indianen staat de tijd stil. Jaar in jaar uit verbouwen ze gerst, mais en *papa* (aardappelen), en spelen ze op hun fluiten zonder mondstuk: de *pincullo* (dwars-

▲*De trapeziumvormige deuren zijn typerend voor de militaire architectuur van de Inka's: ruïnes van de vesting Vinay Huayna.*

fluit), de *quena* (een soort blokfluit) en de *antara* (panfluit). De vrouwen spinnen de wol en hoeden de veestapel. Bij velen is het geld onbekend, zij leven van de ruilhandel. Verdeeld over 5000 gemeenschappen maken de Indianen 46% van de bevolking uit. Alleen zij kunnen tot op een hoogte van bijna 5200 m werken.

Noordelijk van Cuzco staan vestingwerken uit de 15de eeuw die het rijk tegen invallen uit het oosten moesten beschermen. De eerste, voorbij Pisac, dwingt bewondering af door zijn oppervlakte, ronde toren en *intihuatana*, een soort zonnewijzer waarmee ten dienste van hun zon- en maankalender de dag- en nachtevening precies bepaald werden. Verderop ligt Ollantaytambo, een romantisch paradijs waar nog de sfeer van de legendarische liefdes hangt die zich daar afspeelden. Hier bevinden zich ook de zes 'spiegels van

►*De vesting van Pisac herbergde binnen zijn muren behalve verdedigingswerken ook religieuze gebouwen.*

►►*De Spanjaarden hebben de plaats van de heilige stad Machu Picchu nooit kunnen vaststellen: pas in 1911 ontdekte een Amerikaanse archeoloog de overblijfselen ervan onder de begroeiing.*

▲*De panfluit, die de Peruanen net zoals de oude Grieken 'syrinx' noemen, is een van de meest gebruikte muziekinstrumenten in de Andes.*

de Zon'; een raadsel dat de archeologen nog altijd niet opgelost hebben. Het zijn grote platen van roze porfiersteen die ieder zo'n 50 ton wegen. Ze komen van de andere kant van de rivier en moesten de steile helling opgetakeld worden... Maar het opmerkelijkste bolwerk is Machu Picchu, 112 km ten noorden van Cuzco en pas in 1911 ontdekt. Vanuit het dal is slechts weelderige plantengroei te zien, maar 500 m boven de rio Urubamba bevinden zich trappen, tempels, torens en huizen, kortom een vrijwel complete stad, echter zonder daken. Deze stad, waarschijnlijk een heiligdom, werd nooit door de Spanjaarden ontdekt. Een hoge berg, de Huayna Picchu, met bijna loodrechte wanden, steekt boven de stad uit. Vanaf hier begint de Montaña, een immens groot tropisch oerwoud dat vanaf de oostelijke uitlopers overgaat in de *selva* van het Amazonegebied. Dit woud beslaat 65% van Peru, maar herbergt nog geen 10% van de bevolking die hier voornamelijk langs de rivieroevers woont. Ten zuiden van Cuzco slingert de Altiplano (hoogvlakte) zich tussen de besneeuwde bergruggen naar het Titicacameer (6900 km²), op 3812 m het hoogst bevaarbare meer ter wereld en op sommige plekken 280 m diep. Dagelijks varen bootjes vol toeristen naar de 'drijvende eilanden' van de Urus-Indianen, die geheel van riet gemaakt zijn.

►*Het riet (totora) van het Titicacameer is de enige grondstof van de Urus-Indianen: het wordt gebruikt voor de bouw van hun drijvende eilanden, hun huizen en hun bootjes.*

▲De voorgevel van de San Agustín is van fraai bewerkt krijthoudend lavagesteente, waaraan Arequipa de bijnaam 'Witte Stad' te danken heeft.

▲*Al vóór de komst van de Inka's hakten de Nascas gigantische figuren in de bodem van de Pampa Colorada: omdat ze alleen vanuit de lucht goed zichtbaar zijn, dacht men dat de Indianen misschien de luchtballon al uitgevonden hadden.*

Arequipa

De Witte en Onvergetelijke Stad

Het landschap van de Sierra biedt een woeste aanblik; ongenaakbare toppen, canyons en wilde lama's op arme grond. Toch zijn er in westelijke richting groene valleien met akkerbouw. Daar ligt aan de voet van drie vulkanen (de Misti, de Chachani en de Picchu-Picchu) een stadje: Arequipa, bijgenaamd de Witte en Onvergetelijke Stad. Hier staat het klooster van Santa Catalina, een stadje op zich met blauwe huisjes achter okeren muren. Bloemperken, verfijnd meubilair, schilderingen... en in de kloostergangen weerklinkt gedempt klassieke muziek. Kan men zich voor de nonnen uit vroeger tijden een bekoorlijker omgeving indenken?

Enkele kilometers verder loopt de snelweg alweer door de woestijn. Tot aan Lima is het landschap dor en eentonig, maar gelukkig onderbreekt de intrigerende vallei van Nazca de reis: ruïnes uit tijden van vóór de Inka's en lange lijnen die uitgehakt zijn in de rotsige ondergrond. Vanuit het vliegtuig is goed zichtbaar hoe deze snijdende lijnen wiskundige figuren vormen of de omtrek van een dier. De verklaring van deze lijnen, die uit de 9de eeuw n.C. schijnen te stammen, heeft de meest bizarre hypothesen opgeleverd.

►*Arequipa: het nonnenklooster Santa Catalina is een stadje in een stad, met talrijke straatjes en schilderachtige pleintjes.*

▲*Quito: in het San Agustínklooster werd onder het rijk met goud bewerkte en beschilderde plafond van de kapittelzaal in 1830 de Akte van Onafhankelijkheid getekend, bij de opheffing van Símon Bolivars Gran Colombia.*

ECUADOR

De van noord naar zuid lopende bergketenen van de Andes scheiden in Ecuador de warme, vruchtbare kuststrook langs de Grote Oceaan van de tropische savannen en oerwouden van de Oriente aan de oostkant.

CIRCA 23 km ten noorden van de hoofdstad Quito, op de plaats waar een eenvoudig stenen monument de evenaar markeert, heeft men niet de geringste last van de tropische klamheid die men op deze breedte zou verwachten. Er waait een frisse wind over de meertjes tussen de cactussen waarmee de hoogvlakte bezaaid is. De droge en bijna koude lucht lijkt rechtstreeks van de 5796 meter hoge vulkaan Cayambé te komen. De denkbeeldige grens tussen de twee halfronden, die in 1736 door de Fransman Charles de la Condamine vastgesteld is (weliswaar met een kleine afwijking), ligt op 2374 meter boven de zeespiegel, midden in de dubbele bergketen die van het noorden naar het zuiden loopt. Dit gebergte vormt de ruggegraat van het land en van de bevolkingsdichtheid, want meer dan de helft van de Ecuadorianen en bijna alle Indianen, die 25% van de bevolking uitmaken, wonen hier in de Sierra, zoals de hoogvlakte van de Andes wordt genoemd.

De reiziger die vanuit het noorden over de panamerikaanse snelweg in de hogere delen van de Andes komt, voelt zich al snel thuis. Amper drie uur rijden vanaf de Colombiaanse grens rijgen de meren zich als de kralen van een rozenkrans aaneen aan de voet van de eerste der 51 vulkanen die Ecuador rijk is. Het hart van de streek is Ibarra, een stadje uit de kolonistentijd dat zowel bekend is om zijn houtsnij- en goudsmeedkunst als door de nabijheid van Yaguarcocha, het 'Bloedmeer'. De legende wil dat het water rood kleurde nadat de Inka's er de lijken van hun vijanden in hadden gegooid.

▲*Iedere zaterdag trekt de markt van Riobamba de Indianen aan die een karig bestaan leiden op de hellingen van de vulkaan de Chimborazo.*

Quito

Rijk aan barokke schatten

Meer naar het zuiden rijst de vulkaan Imbambura op als men Otavalo nadert. Iedere zaterdag dalen vanaf het ochtendgloren de Indianen de hellingen af. De mannen in hun smetteloos witte hemd en broek dragen een *poncho* van nachtblauwe wol. Een lange vlecht gitzwart haar komt onder hun vilten hoeden uit. De vrouwen zijn gekleed in een soort ruim vallende overgooiers waaronder een weelderig met kant afgezet bovenlijfje te zien is dat fraai gecompleteerd wordt door tientallen gouden halssnoeren. Vergezeld van hun *guaguas* ('kinderen' in het Quechua) en enkele muilezels komen ze naar de markt om hun geweven stoffen te verkopen. Ze zijn opmerkelijk bedreven in het weversambacht en niet minder in de handel. Van de opbrengst kopen ze boerderijen en land. En dat is een uitzondering op dit continent, waar de grond meestal aan de Indianen verhuurd of 'geleend' wordt. Ze zijn trouwens ook ver buiten hun woonplaats bekend, want het zijn onvermoeibare reizigers.

Quito (2850 m) is de meest koloniale van alle Zuidamerikaanse hoofdsteden en na La Paz (Bolivia) de hoogste. Het is de stad van het eeuwige voorjaar, het 'Florence van de Andes'. Welke superlatieven heeft men niet gewijd aan de stad die zich gracieus tegen de hellingen van de vulkaan Pichincha vlijt en waarvan de benedenstad doorloopt in de vruchtbare vlakte? Bekoorlijk zijn de smalle geplaveide straatjes met schilderachtige hoekjes en doorkijkjes. Hier geen langs de lineaal getrokken brede straten zoals men die overal in de Nieuwe Wereld aantreft. De Spanjaarden hebben Quito eerst met de grond gelijk gemaakt en toen weer opgebouwd. De lage huisjes met hun pannendaken en houten balkons zijn op goed geluk tegen de steile hellingen opgestapeld.

Op iedere straathoek verbaast men zich weer: nu eens een overdekte markt met een aan de Maagd der Smarten gewijd altaar dat boven het uitgestalde gevogelte uitsteekt, dan weer een lommerrijk pleintje waar krantenverkopers en schoenpoetsers om het hardst schreeuwen om de aandacht van de voorbijgangers te trekken. Even verder stuit men op een van de 57 kloosters en kerken waaraan Quito zijn faam van koloniale en barokke schatten ontleent. Het is het beste om er zelf heen te gaan en te oordelen. De Jezuïetenkerk heeft een massief gouden hoofdaltaar en daaromheen staan in de zijbeuken tien met bladgoud en zilver beklede kleinere altaren. De Heilige Franciscuskerk, de grootste van de stad, herbergt kleurige houten beelden, scheppingen van de Indiaanse kunstenaar Manuel Chili (in het Quechua 'Caspicara' genaamd) uit de 17de eeuw; het aangrenzende klooster is het eerste dat in heel Zuid-Amerika gesticht werd. De trots van de Merced-kerk is het oudste torenuurwerk van de stad, een tweelingzusje van de Big Ben en ook in 1817 in Londen gebouwd. Men zou nog lang kunnen uitweiden over het dominicanenklooster of dat van de augustijnen, op gevaar af de andere kant van Quito te vergeten. Want deze stad is ook altijd een cultureel centrum geweest, al sinds de verovering door Benalcázar in 1533. Reeds vanaf de 16de eeuw verrezen er de San Fulgencio-universi-

▲*Quito: het franciscanenklooster was de eerste religieuze nederzetting in Zuid-Amerika (1535). Het heeft twee galerijen met arcaden boven elkaar.*

teit, de School voor Schone Kunsten en niet te vergeten de beroemde Escuela Quiteña, een school voor religieuze kunst.

Quito is nog altijd een artistiek en intellectueel middelpunt, maar het is tevens het centrum van het bestuur en de landspolitiek, en het ligt op een kruispunt van wegen die het land in alle richtingen doorsnijden.

De laan der vulkanen

Ruggegraat van Ecuador

Van het noorden naar het zuiden ontrolt de panamerikaanse snelweg zich als een zwartgeteerd lint door de vallei. De weg ligt op bijna 3000 meter hoogte tussen de twee parallel lopende bergketens van de Andes, die zo'n 40 à 60 km van elkaar verwijderd zijn. Deze weg, die de Inka's al kenden, werd door de Duitse geograaf Von Humboldt 'Laan der Vulkanen' gedoopt. In het oosten steekt de Cotopaxi (5896 m) omhoog en in het westen op gelijke hoogte de Iliniza (5305 m). De vulkaantoppen volgen elkaar op. Voorbij Latacunga spiegelen de eeuwig witte toppen zich in de kleine meertjes.

Onder de sneeuwgrens beginnen de *faldas* – steile weidegronden –, die naar beneden overgaan in een uitgestrekte met mossen bedekte vlakte – de Paramó – waar schapen en koeien grazen. Nog lager op de vulkaanhellingen bieden de akkers waar uien, mais, graan en de *papa* (aardappelen) verbouwd worden, de aanblik van een kleurige lappendeken. Ondanks de hoogte van bijna 3000 m groeien deze gewassen hier omdat lavastromen en vulkanische assen de hooggelegen gronden van de Andes vruchtbaar gemaakt hebben. Op sommige plaatsen, zoals bijvoorbeeld Ambato op de evenaar, staan bloemen en fruitbomen op grote hoogte weelderig in bloei. In de velden langs de weg staan Indiaanse vrouwen, gekleed in ruim vallende jurken en een vilten hoed op het hoofd, over hun schoffel gebogen. De mannen hoeden de koeien langs de rand van de *quebradas*, ravijnen als canyons zo diep.

En dan rijst plotseling in het westen de Chimborazo hoog boven de bergnevels uit. De hoogste top (6267 m) van Ecuador schittert in de zon. Het stadje Riobamba, de 'sultane van de Andes', is dan niet ver meer. Het ligt aan de voet van drie vulkanen die vroeger als goden vereerd werden: de Tungurahua, de Chimborazo en de ontoegankelijke Altar. Op zaterdag is er een drukke markt en op de straathoeken draaien de *cuy* (Guinese biggetjes) en *hornado* (varkensgebraad) aan het spit. Maar Riobamba heeft niet de luister van Otavalo, ook al heeft het meer inwoners. Chimborazo is de armste provincie van Ecuador, met de meeste analfabeten. De Indianen die er op kleine lapjes grond wonen, houden vast aan hun eigen tradities en sluiten zich af voor de moderne maatschappij. Ze zijn klein van stuk en spreken een vreemd taaltje waarin zeer veel verkleinwoorden voorkomen.

Als de avond is gevallen, komen de mensen in de buurt van het station bijeen. In het schijnsel van de olielampen drinken ze *canelitas* (een kaneeldrank aangelengd met alcohol uit rietsuiker). Later op de avond slokt de duisternis in de omringende straatjes de waggelende silhouetten op. De *Indiocito* verdrinkt zijn tegenslag, de dood van vee of een slechte oogst. Maar als de feestdagen aanbreken is alle ellende vergeten. Dan slaan de *bombos* (trommelslagers) het onstuimig ritme van de San Juanito of de Carnavalito. Dan hoort men de mooiste muziek uit de Andes bij de klanken van de *quena* en de *rondador*, fluiten die uit riet zijn gesneden. Het snarenspel van de gitaar versmelt met dat van de *charango*, een soort banjo waarvan de klankkast gemaakt is van het pantser van een gordeldier.

De universiteitsstad van het zuiden is Cuenca. De marmeren huizen, de oude kathedraal en het gemeentelijk museum zijn hier de trekpleisters. In de buurt ligt Ingapirca, een oude vesting van de Inka's.

Oriente

Land van oerwouden en aardolie

De weg naar de Oriente begint in Ambato. Na enkele kilometers komt men door het dorp van de eigenaardige Salasacas. Deze Indianen, die doen alsof ze de toeristen niet zien, spreken alleen het Quechua. Ze zijn altijd in een zwarte *poncho* gekleed, want ze rouwen eeuwig om Atahualpa, de laatste

▲*Aan het hoofddeksel herkent men de verschillende stammen in Ecuador: de Salasacas in de buurt van Ambato dragen een hoed met brede rand.*

Sapa Inka. In alle tijden hebben ze van zich doen spreken. In het voormalige Rijk van de Zon behoorden ze tot die opstandige stammen waarvan men zich het liefst ontdeed door ze naar een uithoek te verbannen. Vandaag de dag weven de Salasacas *tapices*, wandkleden versierd met kleurige geometrische vogelfiguren.

Op de eerste hellingen van de oostelijke bergketen wordt de lucht al warmer en de begroeiing dichter. Dan bereikt men Baños, een kuuroord met zwavelhoudend water, maar bovenal een beroemd bedevaartsoord. Ieder jaar in oktober stromen honderden Ecuadorianen toe om de Maagd der Mirakelen te aanbidden.

Beneden in de vallei heerst een drukkende atmosfeer. Hier liggen de suikerrietplantages naast de boomgaarden met mandarijnen. Enkele kilometers verder komt men in het onmetelijk grote oerwoud. Gonzalo Pizarro, de broer van Francisco, en Francisco de Orellana waren de eerste Spanjaarden die zich er waagden. Toen laatstgenoemde de Napo stroomafwaarts volgde, werd hij de ontdekker van de grootste rivier van de wereld, die hij 'rivier der Amazones' doopte. Dit naar aanleiding van de baardloze en langharige Indianen die hij daar aantrof en aanzag voor een krijgshaftig vrouwenvolk.

In deze dichtbegroeide jungle vol woudreuzen komen nog enkele nomadenstammen voor waaronder de Jivaros. Dit zijn koppensnellers die met in curare gedrenkte pijlen schieten. Het oerwoud is een waar paradijs voor papegaaien, insekten, reptielen en *chichocos*, de kleinste apesoort ter wereld. Helaas is het moeilijk toegankelijk, maar daardoor ook een gebied dat nog nauwelijks ontgonnen is.

Hetzelfde kan niet gezegd worden van het noorden van de Oriente, waar de aardolie sinds 1967 de grond uit spuit. Ecuador is tegenwoordig ook lid van de OPEC en na Venezuela de tweede producent van aardolie in Zuid-Amerika. Een enorme pijplijn over de toppen van de Sierra verbindt het Agriomeer met de Grote Oceaan. Het uiteinde van de pijplijn ligt bij Esmeraldas ten noorden van de vruchtbare aangeslibde laagvlakte die zich naar het zuiden tot aan de Golf van Guayaquil uitstrekt. Er heerst hier een warm en vochtig klimaat dat zeer gunstig is voor de landbouw. Dit is de streek waar de grote *haciendas* liggen waar cacao, rietsuiker, koffie, rijst, fruit en bananen geteeld worden. Ecuador heeft de grootste bananenproduktie van de wereld.

Alle wegen die vanuit de Costa richting hoofdstad lopen, komen samen in Santo Domingo de los Colorados, het district van de 'rode' Indianen. Deze danken hun naam aan de gewoonte zich met haar en al te beschilderen met een plantaardige rode kleurstof *(achiore)* die hen tegen boze geesten zou beschermen. In de buurt ligt Manabi, waar men zich toegelegd heeft op het vlechten van zeer lichte hoeden uit de bladeren *(toquillas)* van een bepaalde palmboom. Deze hoofddeksels zijn in de hele wereld bekend onder de (onjuiste) naam panamahoeden.

In het zuiden van de rijke Costa ligt Guayaquil, de grootste haven van Ecuador, op het kruispunt van zee- en binnenvaart achterin de delta verscholen. Het is een drukke en kleurrijke stad waar het goed passagieren is. Zuidwaarts verandert het landschap. Er is minder begroeiing, heesters en struiken maken plaats voor hier en daar wat kreupelhout. Vanaf Naranja moet de vruchtbare vlakte voor de woestijn wijken. Deze is ontstaan door de ongunstige klimatologische invloed van de koude Humboldtstroom, die hier even voor de kust loopt voordat hij weer spoorloos in de onmetelijkheid van de Grote Oceaan verdwijnt.

▲ *Mits ze niet te steil zijn, kunnen de hellingen in de Andes, dank zij het tropische klimaat, tot boven de 3000 m bebouwd worden.*

▶ *De trots van Quito is de kerk van de Jezuïetenorde, een van de mooiste monumenten uit de barok die Zuid-Amerika rijk is.*

IGNATIO
SACRUM

▲*De hoogst gelegen hoofdstad van de wereld (3658 m), La Paz, ligt op de bodem van een bergkloof, die de stad beschutting biedt tegen de ijzige winden die afkomstig zijn van de Altiplano.*

BOLIVIA

Als een echt dak van Zuid-Amerika ligt Bolivia midden in het Andesgebergte opgesloten. Het is een land van oerwoud, stof en ijs, dat zich trapsgewijs naar de hemel uitstrekt en de meeste inwoners slechts armoede heeft te bieden.

Ook al bedekken de laaggelegen stukken land, die warm gelegen en vruchtbaar zijn, twee derde deel van het nationale grondgebied, desalniettemin is het hooggelegen plateau altijd het vitale centrum geweest. Nog voor een groot deel onontdekt zijn de regenwouden, de uitlopers van het Braziliaanse Amazonegebied. Zij herbergen nog enkele Indiaanse stammen, die ieder contact met de moderne wereld mijden. Vanaf 700 tot 2800 m hoogte strekken zich trapsgewijs vruchtbare valleien, korenvelden en boomgaarden uit. Vervolgens komt het rijk van wind en koude, de Altiplano (hoogvlakte). In de greep gehouden door twee parallel lopende bergketens, ligt het laagste punt van de Altiplano nergens lager dan 3800 m. Alleen dank zij de ligging op de tropische breedtegraad zijn de uitgestrekte grasvlakten van de Altiplano bewoonbaar. Elders gelegen zouden zij het domein van de eeuwige sneeuw zijn. Op deze plaats evenwel, het dichtst bij de Zonnegod, hebben de voorvaderen van de Bolivianen gekozen te leven en ook vandaag de dag nog klopt daar het hart van het land.

De Altiplano strekt zich uit tot aan Peru, waarmee Bolivia het Titicacameer deelt, dat het gezegende meer van de oude Indiaanse beschaving is en tevens het hoogste bevaarbare meer ter wereld waarin de gletsjers van de Andes zich weerspiegelen. In het westen loopt het Andesgebergte af in de richting van de woestijn aan de Chileense zijde, in het oosten tot aan het Braziliaanse oerwoud en de savannen van Paraguay, en in het zuiden tot aan de grote vlakten van de Argentijnse pampa.

Zoals het gehele Amerikaanse continent werd Bolivia waarschijnlijk duizenden jaren geleden bevolkt door Aziatische stammen. Te voet gekomen door de Beringstraat en vervolgens verrast door het ijs, zijn deze stammen beetje bij beetje door nieuwkomelingen naar het zuiden teruggedrongen. De precolumbiaanse geschiedenis van Bolivia is nog niet erg goed bekend, afgezien van de periode die onmiddellijk voorafging aan de Spaanse verovering. De verspreid liggende ruïnes bewaren hun geheim. Tot de bekendste behoren de ruïnes van Tiahuanaco, dichtbij het Titicacameer. De geleerden zijn het er echter over eens dat er vanaf de 7de eeuw een Aymara-beschaving ontstond die een hoog wetenschappelijk en cultureel niveau bereikte, om daarna in de 10de eeuw, ten gevolge van een nog altijd onbekende ramp,volledig in te storten. Op de overblijfselen van de Aymara-beschaving heeft zich vervolgens het Rijk der Inka's gevestigd, dat vanaf de hoofdstad Cuzco in Peru de Andes van Colombia tot Chili beheerste. Gedreven door hun aanvoerder Mayta Cápac hebben de Inka's in de 13de eeuw het gebied van de Aymaras veroverd aan wie zij hun coöperatieve systeem hebben opgelegd, zonder echter hun nieuwe onderdanen volledig te integreren. De Zonen van de Zon waren grote bouwkundigen en efficiënte organisatoren. Zij hebben ons talrijke monumenten nagelaten waarvan nog heden ten dage enkele wegen en aquaducten in gebruik zijn. Hun Rijk echter, ondermijnd door de broederoorlog tussen Atahualpa en Huascar die om de troon van hun vader streden, stortte als een kaartenhuis ineen bij de eerste zwaardslagen van de soldaten van Francisco Pizarro. Meer dan vier eeuwen na hun nederlaag bewaren de Indianen nog steeds de herinnering aan hun gekrenkte trots en bezingen in het geheim nog steeds de namen van hun leiders die onderworpen of afgeslacht zijn.

Geschiedenis

180 presidenten in 150 jaar

Het huidige Bolivia werd ingelijfd bij het vice-koninkrijk van Lima onder de naam Hoog-Peru. Allereerst verwaarloosden de Spaanse conquistadores, die op zoek waren naar rijkdom, het onherbergzame gebied van de Altiplano. Eerst na de ontdekking van de fantastische mijnen van Potosí, zouden zij in eindeloze karavanen, bestaande uit ezels en Indianen, de staven zilver meenemen die later de Spaanse kerken zouden versieren en de rijkdom van de katholieke koningen vergroten.

Ondanks verschillende afscheidingspogingen duurde het tot 6 augustus 1825 voordat Bolivia zich tegelijkertijd van de Peruaanse en Spaanse voogdij ontdeed. Een nieuwe republiek was geboren en kreeg de naam van haar bevrijder, Simón Bolivar. Hij werd de eerste president, generaal Sucre de tweede.

De jonge natie werd in de loop van een bewogen geschiedenis gedwongen meer dan de helft van haar grondgebied af te staan aan haar buren. Tegen het einde van de vorige eeuw annexeerden Brazilië de streek van Acre en Argentinië een deel van Chaco. Veel erger echter was voor Bolivia de oorlog van 1879-1884 tegen Chili: daarbij verloor de republiek namelijk haar enige toegangsweg naar zee: de kust van de Grote Oceaan. De economie van het land is hierdoor blijvend geschaad en ook vandaag de dag nog proberen de Bolivianen tevergeefs door onderhandelingen een toegangsroute naar de oceaan te krijgen. Uiteindelijk verkreeg Paraguay in 1936, na een moordende oorlog, ook nog de rest van de Chaco.

Deze opeenvolgende vernederingen vormen gedeeltelijk de uitleg voor de legendarische politieke instabiliteit van Bolivia. Men kan zelf oordelen: sinds de onafhankelijkheid in 1825 heeft dit land meer dan 180 presidenten gekend, van wie er bijna nooit een verkozen is. Dit komt neer op een gemiddelde van één *jefe supremo* per negen maanden. De enige regering die een blijvend stempel heeft gedrukt is die van Victor Paz Estenssoro, die tussen 1952 en 1956 de tinmijnen heeft genationaliseerd, analfabeten stemrecht gaf en die de eerste landbouwhervorming, die deze naam waardig was, in Zuid-Amerika heeft doorgevoerd. Nadien hebben weer vele generaals en burgerpresidenten elkaar in snel tempo opgevolgd; in 1985 werd Estenssoro opnieuw tot president uitgeroepen.

Indianen en kleurlingen

Trouw aan hun tradities

De geografische ligging en de geschiedenis van het land hebben de Boliviaanse bevolking gevormd. De veroveraars – de Quechua's – hebben zich verenigd met de Aymara-Indianen. Ondanks het feit dat zij verschillende talen spreken lijken zij als broers op elkaar door hun spleetogen, hun vooruitstekende jukbeenderen en het gladde gitzwarte haar van hun Aziatische voorvaderen. Zij dragen dezelfde gekleurde *ponchos* en dezelfde gebreide mutsjes. De felle zon op deze hoogte heeft hun gelaatskleur de kleur van koper gegeven. De geringere hoeveelheid zuurstof in de lucht op grote hoogte heeft hun lichaamsmaat teruggebracht, maar hun borstomvang vergroot.

▲ *De panfluit, de siku of zampoña, is een van de talloze muziekinstrumenten die de Indianen in de loop der tijd van riet hebben gemaakt.*

Bij deze Indianen, die hun verleden trouwer zijn dan hun land waarvan zij 65% van de bevolking uitmaken, voegen zich 25% kleurlingen, echte halfbloeden of 'cultuur'-kleurlingen; laatstgenoemden zijn de Indianen die hun woongemeenschap verlieten ter wille van de staat of de mijnen. Deze laatsten zijn de slechtst bedeelden; zij worden door hun dorp en hun familie uitgestoten en verliezen hun identiteit. Europese emigranten, in meerderheid Duitsers die vóór en na de Tweede Wereldoorlog zijn aangekomen, hebben zich deze eeuw gevoegd bij de afstammelingen van de Spaanse *hidalgos*, die trots zijn op hun blanke huid.

Het is relatief gemakkelijk de verschillende sociale groepen te identificeren aan de hand van hun kleding. De Indianen dragen de kleding van hun eigen dorp, die door de vrouwen van schapewol geweven is. Om te weten uit welk dorp een Indiaan komt, is het voldoende om naar de motieven en kleuren van zijn *poncho* te kijken. Dikwijls is de *llucho* (een wollen muts met oorbedekking) voor de mannen van hetzelfde dorp gelijk. De *llucho* is soms onder een zwarte hoed verborgen. De vrouwen dragen een nauwe handgeweven jurk en knopen een *kepe*, gemaakt van een rechthoekige bijpassende stof, over hun schouders, zodat zij hun kinderen en hun weinige bezittingen op de rug kunnen dragen. Zodoende hebben zij hun handen vrij om wol te spinnen terwijl ze hun lama's weiden.

Veel kleurlingen dragen nog de *poncho*, maar kopen deze in de stad, eenkleurig en machinegeweven van lamawol (en ook warmer trouwens dan die van schapewol). Ook zij dragen – gedwongen door de koude – een

▲*Bolivia deelt met Peru het onmetelijke Titicacameer, dat is omgeven door de eeuwig besneeuwde toppen van het Andesgebergte.*

▲*De Quechua-Indianen, die elkaar zondags op de markt van Tarabuco ontmoeten, dragen wijde rokken van gebreide wol en gestreepte omslagdoeken of llijllas.*

hoofddeksel. Hun vrouwen, de *cholas*, dragen plooirokken over een groot aantal gekleurde onderrokken en ook hoeden, die zij afzetten bij het betreden van de kerk. Op de Altiplano zijn het kleine zwarte of donkerbruine bolhoedjes, in Cochabamba witte cilinderhoeden. In tegenstelling tot de Indiaan, die nog steeds het land bewerkt (in Bolivia noemt men hem *campesino* ('boer'), is de kleurling winkelier, arbeider of mijnwerker. In dit laatste geval is hij degene die het land deviezen bezorgt, aangezien 85% van de inkomsten uit de export van ertsen voortkomt.

Lage levensstandaard

Fatalisme en slechte verbindingen

De werkomstandigheden van de mijnwerkers in de schachten, die vaak op meer dan 5000 m hoogte liggen, zijn extreem. Zij worden niet veel ouder dan 40 jaar. Sinds mensenheugenis hebben de mijnwerkers en Indianen hun toevlucht gezocht tot de coca-bladeren, het

▲ *De barokke voorgevel van de San Franciscokerk, waarvan het in drie glopen gevormde portaal aan de mudejarstijl doet denken, vormt de mooiste herinnering aan het koloniale verleden van La Paz.*

struikje waaruit men cocaïne haalt. Zij kauwen onvermoeibaar op een mengsel van coca en krijt om de bitterheid van de coca te verzachten. Coca is voor hen, als uiterste remedie, het enige middel hun honger en vermoeidheid te vergeten.

Men kan zich erover verwonderen dat de levensstandaard van de Bolivianen een van de laagste van Latijns-Amerika is, gezien de rijkdom van de bodem en de vruchtbaarheid van de valleien en zich tevens afvragen waarom zij er niet in geslaagd zijn zich aan de ondervoeding, het analfabetisme en de ellende te onttrekken. Een van de redenen van deze stilstand is de passieve weerstand van de Indianen, die weigeren in het moderne Bolivia te integreren. Hun wantrouwen tegenover vernieuwingen, hun fatalisme dat voortkomt uit de eeuwenlange onverbiddelijke uitbuiting, laat hen in een bijna gesloten economie leven.

Anderzijds maakt het onherbergzame landschap de verbindingen moeilijk. De wegen, die de grote steden van de Altiplano met de valleien, waarin landbouw wordt bedreven, verbinden, zijn duizelingwekkend steil en in het regenseizoen door verzakkingen geblokkeerd. De enige bescherming van de vrachtwagenchauffeur is de obool, die hij op het altaar van de Heilige Maagd achterlaat alvorens hij zich aan de grote afdaling waagt. Kleine gedenkstenen en boeketjes bloemen langs de weg laten zien dat de Heilige Maagd niet onfeilbaar is. De Bolivianen zien er dan ook tegenop de Altiplano te verlaten en de lager gelegen gronden te ontginnen, aangezien zij er niet eens zeker van zijn dat zij hun oogst naar de steden zullen kunnen vervoeren.

La Paz

De verborgen hoofdstad

Voor het overgrote deel van de reizigers is het eerste beeld van Bolivia het vliegveld van La Paz, dat op 4000 m hoogte is gelegen en daarmee het hoogste ter wereld is. De lucht is er ijl en het licht intens. Op de dorre uitgestrektheid van de Altiplano is de nabijgelegen hoofdstad onzichtbaar: zij ligt beschermd tegen de wind in een zeer steile bergengte, in de schaduw van de ijsmassa van de Illimani (6462 m).

Als bestuurlijke hoofdstad van het land, gesticht in het midden van de 16de eeuw, telt La Paz vandaag de dag ca. 900.000 inwoners en kent een hoogteverschil van meer dan 700 m. Het centrum ligt halverwege, de residentiële wijken onderaan. Zodoende genieten de armen van een uniek panorama en de rijken van een niet zo extreem klimaat.

Maar weinig straten hebben hun koloniale charme bewaard. Interessant is de San Franciscokerk, waarvan de gevel een opmerkelijk voorbeeld is van de barokstijl uit de Andes, een synthese van de Spaanse architectuur en de creatieve fantasie van de Indianen, die de plaatselijke motieven overvloedig toepassen. Het voornaamste plein – Plaza Murillo – is slechts een pelgrimstocht waard naar een bepaalde lantaarnpaal, waaraan president Villaroel in 1946 werd opgehangen tijdens een oproer.

De contrasten in de bevolking maken La Paz tot een boeiende stad. De Amerikaanse zakenman loopt er zij aan zij met de Indiaan, die een dozijn eieren op de stoeprand komt verkopen. Men kan onvermoeibaar door de kleine steile straatjes van de stad dwalen, in het bijzonder door de Sagarnagastraat, één van de meest kleurrijke van het continent. Er zijn kraampjes vol pepers en tropische vruchten, elders liggen grote stapels dikke wollen lamatruien, mutsjes en onderrokken van *cholas*, Indiaanse vrouwen bieden kleurstoffen

► *Aan de balkons in het nauwe straatje Jaén in La Paz is de trapsgewijze plaatsing van de huizen tegen de steile hellingen die La Paz omringen, goed zichtbaar.*

►► *Niet ver van de hoofdstad is de pittoreske vallei van Zongo, die slechts toegankelijk is via een op 4600 m hoogte gelegen bergpas, nu een verlaten streek, maar de vroegere bewoners bezorgden de Spanjaarden heel wat last.*

▲*Als zij geen last hebben van hoogtevrees, kunnen automobilisten enkele door de Inka's aangelegde bergwegen berijden, zij het dat kruisingen soms grote problemen geven.*

voor de wol aan en weer anderen verkopen ingrediënten voor de hekserij, die nog welig tiert en met behulp waarvan men vooral kwalen tracht te bestrijden.

De hoofdstad is tevens de ideale plaats om de Boliviaanse muziek te ontdekken. Elke vrijdag- en zaterdagavond treden er groepen op in de *peñas*, een soort traditionele muziek- en danstempels waar men zich vertrouwd kan maken met een van de meest rijke culturele nalatenschappen die er bestaan. Tijdens de laatste week van januari hoeft men niet naar de *peñas* te gaan, aangezien dan de folklore de straat opgaat voor het feest van de Alasitas, ter ere van Ekeko. Deze goede oude Indiaanse god met de rode neus en de brede glimlach geeft de mensen gedurende het jaar wat zij gedurende zijn feest in miniatuur hebben gekocht: piepkleine zakjes rijst, kleine schaapjes van suiker, poppenhuisjes.

▲*Een overschaduwde trap leidt naar de overblijfselen van de precolumbiaanse tempel die gebouwd is op het Zonne-eiland. Het is een van de heiligdommen van het Titicacameer.*

Chacaltaya, Titicacameer

Van skigebied tot diepblauw meer

De omgeving van La Paz is, snel aflopend van de eeuwige sneeuw tot aan de tropische jungle, een waar sprookje. Binnen anderhalf uur bereikt men per jeep of autobus Chacaltaya, het hoogste skigebied ter wereld, op een hoogte van 5200 m. Onder een donkerblauwe hemel wordt er van december tot maart geskied tussen de kloven en ijsgrotten, die bezaaid zijn met stalactieten, aan de voet van de Huayna Potosí (6100 m), een betoverende sneeuwpiramide. De lucht is er zo helder dat men over de smaragdgroene meren en het ravijn van La Paz heen kan kijken tot aan de met een rookpluim versierde vulkanen van de Chileense grens en tot aan het Titicacameer.

Dit meer, waarvan iedereen ter wereld droomt, is het culturele middelpunt van Bolivia. De twee grote beschavingen – Aymara en Quechua – zijn daar, op 3812 m hoogte, ontstaan. Er gaat van dit binnenmeer met een oppervlakte van 6900 km² een dusdanige majestueuze indruk uit, dat men begrijpt waarom de Indianen dit meer het 'Heilige meer' noemen. Het diepblauwe water, omzoomd door een rietrand, gaat op in de hemel

▶ *Voormalig ritueel centrum van de Inka's, dankt het kleine stadje Copacabana haar huidige reputatie aan de wonderbaarlijke Maagd, die de enorme basiliek van het dorpje herbergt.*

▶▶ *Ondanks hun dorheid zijn de uitgestrekte vlakten van de Altiplano het historische hart van Bolivia. De bevolking voelt zich slechts thuis in de ijle lucht van deze streken.*

▲*In de eerste eeuwen van onze jaartelling bouwden de Aymara's in Tiahuanaco een heilige stad met meer dan 100.000 inwoners, waarvan het centrum het zonneobservatorium van Kalasasaya was.*

wanneer de avondschemering de saffraankleurige huid van de Indianen, hun huizen uit pleisterklei en hun bouwland met een gouden gloed bedekt. De grote stilte wordt slechts onderbroken door het geluid van wilde eenden en roze flamingo's en door het fluisterende glijden van de bootjes van de laatste overlevenden der Urus-Indianen. Deze zijn geheel afhankelijk van het riet *(totoras)* van het meer. Zowel hun ranke bootjes als de drijvende eilanden waarop zij leven, zijn van riet gemaakt. Ze kunnen voortbestaan dank zij de visvangst, de ruilhandel en de muntjes die hen toegeworpen worden door toeristen die hen vanuit motorboten komen bekijken. Hun eilanden, die snel verrotten door de aanraking met het water en die door hun vrouwen voortdurend in stand moeten worden gehouden, schommelen heen en weer wanneer één van de twee passagiersboten die Peru en Bolivia met elkaar verbinden, voorbij komt. Deze in Groot-Brittannië gebouwde stoomboten zijn in 1872 op de ruggen van ezels in losse stukken van de Grote Oceaan naar het Titicacameer overgebracht. Meer dan de helft van dit meer behoort toe aan Peru, maar op het Boliviaanse deel bevinden zich de Quechua- en Aymara-heiligdommen. De legende vertelt dat de schat van de Inka's dicht bij de Zonnetempel op het Zonne-eiland is verstopt. Het Maaneiland ernaast herbergt de ruïnes van het paleis van de Zonnemaagden. Bootjes naar deze beide eilanden vertrekken van Copacabana, een stadje dat bekend is door het heiligdom van de bruine Maagd, waaraan een Indiaans beeldhouwwerk uit de 16de eeuw de kenmerken van haar ras gaf. De Bolivianen gaan er elke 25ste augustus te voet vanaf La Paz naartoe (158 km), teneinde er voor het massief zilveren altaar te bidden en de Maagd sieraden aan te bieden als dank voor verrichte wonderen.

▲*De diablada van het carnaval van Oruro is een ballet waarin de angstwekkende demonen uiteindelijk overwonnen worden door de aartsengel St. Michael.*

Ruïnes van Tiahuanaco

Resten van Aymara-beschaving

Enkele kilometers ten zuiden van het Titicacameer verheffen zich de ruïnes van Tiahuanaco, de laatste overblijfselen van de mysterieuze Aymara-beschaving. Van deze oude stad uit steen, waarschijnlijk gebouwd tussen de 1ste en 11de eeuw van onze jaartelling, zijn slechts een half-ondergrondse tempel, twee ringmuren, enorme monolieten die goden voorstellen en vooral de prachtige Zonnepoort over. Wie waren deze mensen die, zonder het wiel te kennen, stenen blokken van soms meer dan 100 ton konden vervoeren en tot op de millimeter precies op elkaar plaatsen? Als bouwmeesters en talentvolle beeldhouwers blonken ze evenzeer uit in de keramische kunst, waarvan het Museo Tiahuanaco in La Paz opmerkelijke voorbeelden herbergt.

De lama's, die deel uitmaken van het landschap van de Altiplano, waarvan zij reeds gedurende eeuwen de dungezaaide plukjes gras grazen, zien de beschavingen onverschillig en hoogmoedig voorbij gaan. Men ziet ze overal in kleine kuddes verspreid in het uitgestrekte gebied, onder de hoede van coca-kauwende vrouwen of kinderen. Te zamen met hun verwanten, de alpaca's, die nog warmere wol geven, bedraagt hun aantal enkele miljoenen en spugen zij, als het zo uitkomt, op degenen die hen niet respecteren. Hun Indiaanse bazen gebruiken hen als lastdieren, spinnen hun wol om die vervolgens te verkopen en eten hun vlees als ze dood gaan.

Ten noorden van La Paz, aan de andere kant van de bergpassen van de westelijke Cordillera, daalt de weg als een duizelingwekkende glijbaan af richting jungle. Over een lengte van 100 km stijgt de weg dan weer tot aan de grens van de eeuwige sneeuw om vervolgens te midden van watervallen weer te dalen in de richting van eucalyptussen, reuzevarens, orchideeën en tropische vruchtbomen. Slingerende vrachtwagens vervoeren vruchten, groenten en coca, die de volgende dag op de markten zullen worden verkocht, vanuit deze warme streek van de *Yungas* ('beschutte valleien') naar de hoofdstad.

Oruro

Stad van de heersers van het tin

Buiten de omstreken van La Paz bevindt zich een Bolivia, dat geheimzinniger is. Dit begint op 200 km in Oruro, een industrieel centrum dat zich minder op de hoofdstad richt dan wel op de indrukwekkende mijnexploitatie van Siglo Veinte en Uncía. De stad wordt nog altijd beheerst door de spookbeelden van de 'heersers van het tin' van de Patiño-dynastie, die het enorme fortuin dat ze uit de Boliviaanse bodem haalden, verkwanselden op weelderige Europese feesten. Men moet Oruro 's woensdags zien, de marktdag, wanneer de Indianen uit de hele omgeving toestromen om hun schamele oogst te verkopen. Bij hen kan men *ponchos* en authentieke mutsjes uit hun dorpen kopen, evenals de hele reeks fluitjes uit het Andes-gebergte, van de *quena* met een scherpe, tot de *pincullo* met een hoge toon. Met een beetje geluk kan men zelfs een *charango* vinden, een soort Indiaanse banjo waarvan de klankkast gemaakt is van het schild van een gordeldier.

Een keer per jaar, de week vóór de vasten,

►*De dorpsfeesten maken het de Aymara's mogelijk tradities te laten voortleven die uit hun glorietijd, vóór de komst van de Inka's, stammen.*

▲*Ondanks dat hij niet zo'n uithoudingsvermogen heeft als zijn verwant de kameel, wordt ook de lama gebruikt als lastdier in de eenzame verlatenheid van de Altiplano.*

verandert Oruro in een folkloristische hoofdstad. Het carnaval stelt de mannen van de Altiplano, die gedurende het hele jaar zwoegen om het metaal uit het binnenste van de aarde te halen, in staat om hun geloof en hun verlangens tot uiting te brengen. De dansers van de beroemde *diablada*, die overdekt zijn met goud en zilver en verborgen onder indrukwekkende maskers, bootsen, in een combinatie van muziek, kleuren en rijkdom, de eeuwige strijd tussen het Goede en het Kwade na. Volgens een sinds het koloniale tijdperk onveranderlijk ceremonieel vermengen zij op bedreven wijze de christelijke traditie met de heidense mythen. Gedurende acht dagen en nachten, dronken van afschuwelijke alcohol, dansen en springen zij, ondanks de hoogte en het gewicht van hun kleren, ter ere van de Maagd van Socavón, beschermheilige van de mijnwerkers.

Vanaf Oruro raken de wegen in verval en de haastige reiziger kan zich laten vervoeren per *ferrobus*, een tamelijk comfortabele één-wagen-trein, die hem kostbare tijd doet winnen. Voor de anderen is de autobus de toegang tot het echte Bolivia.

▲*De Quechua's uit Tarabuco dragen een soort leren helm, de montera, die afgeleid is van de helm van de Spaanse veroveraars.*

Potosí

De ijskoude zilverstad

Geen enkele andere stad op het continent roept zozeer het beeld op van het Amerika van de 'conquistadores' als Potosí. Ten gevolge van de ontdekking van de Cerro Rico, de 'Rijke berg', werd Potosí in 1545 gesticht op een hoogte van 3960 m. De Cerro Rico steekt boven Potosí uit en bevat zilver, tin en wolfram. Dank zij deze voorraden werd Potosí door Karel V de 'keizerlijke stad' genoemd. Onder het juk van de Spanjaarden hebben de Indianen de berg beetje bij beetje ontgonnen en er het zilver uitgehaald, het enige metaal dat hun meesters interesseerde. Aan het einde van de 16de eeuw telde Potosí meer dan 150.000 inwoners en kon aldus concurreren met de grote Europese hoofdsteden. Toen de zilverader uitgeput was, werd zij een spookstad, waar koude winden doorheen bliezen. De geïndustrialiseerde landen begonnen zich aan het begin van deze eeuw echter ook te interesseren voor de andere metalen die het gebergte bevatte: de stad bloeide weer op en haar mijnwerkers begaven zich opnieuw op weg naar de Cerro Rico. Vandaag de dag is deze enorme hoop steen stellig de meest doorzochte berg ter wereld. De erfenis van Potosí bestaat uit nauwe straatjes, deftige huizen die nog altijd de wapenen van hun vroegere Castilliaanse eigenaren dragen, ontelbare kerkjes die druk bezocht worden door Indianen en kleurlingen om een kaars op te steken voor hun lievelingsheilige, en een prachtige Munt, waarin men de nog in perfecte staat verkerende machines kan zien, die het slaan van Spaanse dubloenen zeker stelden.

Overdag verwarmt de zon de stad en maakt haar leefbaarder. Aan de zonkant van de straat verdringt men zich, terwijl er aan de

▲*Potosí wordt beheerst door de Cerro Rico, waarvan de enorme zilvervoorraden in het verleden voor de rijkdom van de stad zorgden.*

overkant niemand loopt. 's Nachts is deze bijna onverdraaglijk. De inwoners van Potosí, de ijskoude stad, leven trots, teruggetrokken en met rode wangen van de snijdende wind, met de herinnering van hun glansrijke verleden.

Hemelsbreed dicht bij Potosí, langs de weg echter veel verder gelegen (een slechte weg van 175 km lang) ligt Sucre – ex-La Plata – er in al haar schoonheid op een hoogte van 2800 m dromerig bij. Als grondwettige hoofdstad van het land lijkt zij slechtsop een dorpje dat in de vergetelheid is geraakt. Men vraagt zich af wat de Spanjaarden bezielden toen zij een zo moeilijk te bereiken hoofdstad stichtten. Door haar geïsoleerde ligging en het ontbreken van industrie heeft La Paz het merendeel van de belangrijke taken van Sucre overgenomen. Dit isolement heeft er voor gezorgd dat Sucre bijna in dezelfde staat is gebleven als waarin de Spanjaarden haar hebben achtergelaten. Met haar gebloemde patio's en oude kerkjes moet men Sucre te voet bezoeken en er langzaam van genieten, net zoals van goede wijn.

Dichtbij, in Tarabuco, dragen de Indianen leren hoeden in de vorm van een helm van een 'conquistador'. Hun *ponchos*, geweven in een tiental verschillende kleuren, zijn in heel Bolivia bekend. De pittoreske zondagsmarkt

▲ *In Sucre werd in een oude jezuïetenkapel die de Casa de la libertad werd, in 1825 de onafhankelijkheid van Bolivia uitgeroepen.*

stelt de bezoeker in staat om typische kleren, die niet uitsluitend voor de toerist gemaakt zijn, te kopen.

Cochabamba, Santa Cruz
Aangename rust en bruisende drukte

Cochabamba is als middelpunt van een zeer vruchtbare omgeving en als op één na grootste stad van het land, gelegen in een mooie vallei op een hoogte van slechts 2500 m. Zakenmensen uit La Paz houden ervan naar Cochabamba te komen om zich er te ontspannen en een aantal van hen bezit er een tweede huisje. Alles in Cochabamba is aangenaam: de bewoners, de schaduwrijke straten en ook de omgeving. Het is prettig er de namiddag door te brengen in een *chichería*, een soort klein café waar men in de open lucht *chicha* drinkt, knabbelend aan *saltenas* (kleine gevulde pasteitjes).

Wanneer men de laatste uitlopers van de Andes passeert, midden in de klamme uitgestrekte vlakten die de Braziliaanse Mato Grosso aankondigen, bereikt men Santa Cruz dat vol leven is. Het is een groot olie- en landbouwcentrum en met haar houten huisjes in een echte Wild West-stijl opgetrokken. Zoals ook in Texas zoekt men er de koelte in een schommelstoel met de voeten op de leuning en de hoed over de ogen getrokken. Het is algemeen bekend dat Santa Cruz de onbeweeglijkheid van de Altiplano minacht en zich meer aangetrokken voelt tot Brazilië, dat openlijk avances tot haar maakt.

Zoals Santa Cruz, de meest oostelijk gelegen stad van Bolivia, onder de invloed van Brazilië leeft, zo is Tarija, de meest zuidelijk gelegen stad, gericht op Argentinië. Gelegen in een streek die zowel bekoorlijk als vruchtbaar is, heeft het zich in 1807 tot grote woede van de Spanjaarden zelfs tot een onafhankelijke republiek uitgeroepen. Haar grote landbouwproduktie, die bestaat uit mais, graan, groentes en sappige druiven, vindt geen aftrek op de nationale markt: La Paz ligt 1000 bergpassen en ravijnen verder en dus te ver weg; Potosí, de meest nabijgelegen stad, ligt op 12 uur rijden. Tarija is wel het uiteinde van Bolivia. Enkele tientallen kilometers verder houden de bergen op en beginnen de pampa's, die zich onafgebroken uitstrekken tot de Atlantische Oceaan.

▲ *In de boerendorpjes rond Cochabamba zorgen de uitstalling van aardewerk en de hoedjes van de vrouwen op de weekmarkten onbetwistbaar voor iets zeer eigens.*

► *Een Aymara-Indiaan, afkomstig van de oevers van het Titicacameer, in een prachtig gewaad tijdens het carnaval.*

▲*Paraguay mag dan geen directe verbinding met zee hebben, het bezit wel het schilderachtige Ypacaraímeer.*

PARAGUAY

Paraguay ligt in het hart van Zuid-Amerika. Het is een van de mooiste landen van het werelddeel, maar ook een van de armste. Bij oorlogen verloor Paraguay de afgelopen honderd jaar driekwart van haar bevolking.

TWEE grote rivieren geven vorm aan de geografie van dit land dat niet aan de zee grenst en bepalen het leven van de 3.820.000 inwoners. De Paraguay, waaraan het land zijn naam dankt, verdeelt het land in tweeën. In het westen ligt de dunbevolkte wildernis van de Chaco en in het oosten liggen de vruchtbare vlakten waar het merendeel van de bevolking leeft. De Paraná is de tweede grote rivier van Zuid-Amerika na de Amazone en vormt de grens met Brazilië en, verder stroomafwaarts, met Argentinië. Bij Foz do Iguaçu, waar de drie landen samenkomen, stort een zijrivier van de Paraná zich uit in een waterval van zo'n 80 meter hoogte, indrukwekkender dan de Niagara; Paraguay heeft deze kans op een toeristische trekpleister echter maar net gemist: de waterval ligt op Braziliaans en Argentijns grondgebied.

De geschiedenis van Paraguay roept onwillekeurig een sprookjesverhaal op dat slecht heeft uitgepakt... Er was eens een vriendelijke en vredelievende Indianenstam die in de bossen een gelukkig leven leidde. Toen de Spaanse conquistadores arriveerden, hadden de Guarani's er nauwelijks bezwaar tegen hun land met hen te delen. Omdat hun land echter moeilijk toegankelijk was en goud- of zilvermijnen ontbraken, bleef een klein Spaans garnizoen achter en de katholieke koningen van het moederland droegen jezuïeten op de soldaten te vervangen om de 'brave Indianen' te bekeren.

De jezuïetenpaters brachten de Guarani's onder in kleine versterkte dorpen, *reducciones*, waar ze hen opvoedden, een vak leerden, alsook prachtige kerken lieten bouwen. In 1768 besloten de Spanjaarden niettemin deze intelligente missionarissen uit te wijzen en zij maakten daarmee een einde aan honderdvijftig jaar kolonisatie. De Guarani's ondergingen van toen af het droeve lot dat ook andere Latijnsamerikaanse Indianen trof: hard werken op het land van de rijke blanke grondeigenaars, hetgeen ze vandaag de dag nog steeds doen.

In tegenstelling met de buurlanden verkreeg Paraguay in 1811 zijn onafhankelijkheid zonder enig bloedvergieten. Het land kwam in handen van de enigszins excentrieke *caudillos* ('chefs'), die niets gaven om de vredelievende gewoonten van de Guarani's. Vervolgens verklaarde Francisco Solano López in 1865 de oorlog aan maar liefst Argentinië, Brazilië en Uruguay te zamen. Het kleine Paraguay bezweek voor de Alliantie van de Drie Landen na vijf jaar wanhopige strijd, waarbij ook vrouwen en kinderen tot soldaten werden gemaakt. De balans: bijna 1 miljoen doden en slechts 300.000 overlevenden.

Het land heeft zich nooit van deze ongekende ramp hersteld en de ellende werd nog verergerd door de moorddadige oorlog om de Gran Chaco tegen Bolivia, die Paraguay in 1935 won, en de burgeroorlog van 1949. De orde keerde eerst terug met de machtsovername door generaal Alfredo Stroessner, die sinds 1954 president van de republiek is.

Bevolking

Mestiezen en een handvol Indianen

Voortdurend vervolgd en bedreigd met totale uitroeiing, vertegenwoordigt het zuiver Indiaanse ras niet meer dan 2% van de totale bevolking. Tot aan de oorlog tegen Bolivia waren zij de heersers van de Gran Chaco. Thans zijn ze geleidelijk aan in reservaten teruggedrongen en hun levensomstandigheden staan dichter bij het stenen tijdperk dan bij de 20ste eeuw. Aan de andere zijde domineert een al even kleine groep van Spaanse afstammelingen het economische en politieke leven in het land.

Naast deze beide groepen vormen de mestiezen of halfbloeden ca. 95% van de bevolking van Paraguay. Ze zijn trotser dan hun Indiaanse en Spaanse voorvaderen en klein maar mooi, met hun gitzwarte haar; daarbij bezitten ze een vrolijk en nonchalant karakter. Ze zijn buitengewoon gastvrij en trachten hun ellende verborgen te houden. Hoewel zij vloeiend Spaans kunnen spreken, geven ze de voorkeur aan het *guarini*, waarmee zij willen benadrukken dat Paraguay het Latijnsamerikaanse land is waar de Indiaanse taal het best bewaard is gebleven: het *guarini* wordt gebruikt op de radio, in de pers en in de theaters van Asunción. Het is de voertaal, naast het Spaans.

Asunción, de hoofdstad en tevens de enige grote stad in het land, strekt zich uit langs de oostelijke oever van de Paraguay. In het centrum zijn langs de waterkant oude huizen bewaard gebleven, met muren die zijn verfraaid met pasteltekeningen, en bewerkte hekken die toegang geven tot weelderig begroeide patio's. De stad en haar voorsteden strekken zich uit tot in de heuvels, maar helaas stralen de moderne villa's niet dezelfde charme uit. De belangrijkste monumenten dateren van de oorlog met de Alliantie van de Drie Landen en geven de voorkeur weer die president Solano López voor Frankrijk had: het regeringspaleis lijkt op een klein Louvre en het Panthéon van de helden is geïnspireerd door de Dôme des Invalides.

Asunción blijft, ook al is het de hoofdstad, een dorp waar iedereen elkaar kent. Men kan er koeien zien grazen op het plein vóór de kathedraal, maar ook luxe Amerikaanse auto's (die waarschijnlijk illegaal geïmporteerd zijn, aangezien smokkel de nationale sport van Paraguay is) krakkemikkige autobussen zien passeren. Karretjes, volgeladen met groente en fruit en getrokken door witte ossen, belemmeren op weg naar de markt het verkeer.

De inwoners van Asunción flaneren graag in de nauwe straatjes van de stad en 's avonds lopen groepen jongeren met hun gitaren rond en bieden serenades aan. De gastvrijheid verplicht dat men hen uitnodigt iets te komen drinken en over van alles, behalve politiek, te praten. Gedurende de regentijd, van oktober tot april, veranderen onweersbuien Asunción in een paar minuten tijd in een enorm zwembad, waarin auto's stuurloos ronddrijven.

Verbindingswegen

Twee asfaltwegen naar buurlanden

Behalve uit enkele primitieve wegen waarin wagensporen zijn uitgehold – stoffig gedurende het droge seizoen, een modderpoel na regenval – en de geheel nieuwe weg die diep in de verlaten woestijn van de Chaco doordringt, bestaat het wegennet van Paraguay uit niet meer dan twee asfaltwegen: de ene leidt naar Argentinië, de andere naar Brazilië.

Weg nr. 1, die Asunción met Encarnación bij de Argentijnse grens verbindt, zou de 'Weg van de Missie' kunnen worden genoemd. Er liggen schitterende kerken langs, die in de tijd van de jezuïeten door de Guarani's zijn gebouwd. De weg doorkruist een idyllisch landschap met glooiende hellingen waarop palmbomen en sinaasappelbomen groeien, te midden waarvan een kleurig struikgewas met wilde bloemen zichtbaar is

▲ *De kathedraal van Asunción, de hoofdstad en enige belangrijke stad van Paraguay, herinnert aan de vroegere machthebbers.*

dat sterk afsteekt tegen het groene gamma.

Encarnación ligt aan de Paraná, tegenover de Argentijnse stad Posadas. Het is een groot, slapend dorp, waar trotse *gauchos* te paard door de stoffige straten rijden. De meeste taxi's zijn nog steeds huurrijtuigen naar oud Paraguayaans model. Alleen de haven bruist van activiteit. De veerponten die de rivier op weg naar Buenos Aires bevaren, passeren een groot aantal kleine bootjes die op de andere oever ladingen elektronische en audiovisuele apparatuur gaan lossen. De moderne camera's en zakrekenmachines hebben de Argentijnen juist de vorige dag gekocht voor een prijs die de concurrentie wantrouwend maakt, alvorens zij met lege handen in hun eigen land terugkeerden.

Weg nr. 2 loopt rechtstreeks naar Puerto Presidente Stroessner, tegenover Foz do Iguaçu, waarvandaan u Brazilië kunt bereiken door de Paraná via de Vriendschapsbrug over te steken. Men doet er goed aan om onderweg even te stoppen in Itauguá, dat in dit werelddeel bekend is vanwege haar *ñanduti*-kant. Op straat zijn sluiers, tafellakens en zakdoeken, prachtige netwerken waarin poëtische en geometrische motieven zijn verwerkt, en fijne kunstwerken die soms jarenlange arbeid weerspiegelen, uitgestald.

▶ *De Guarani's, waartoe deze met traditionele sieraden getooide Indiaanse behoort, vormen nog slechts een kleine bevolkingsgroep, maar talloze kleurlingen spreken nog steeds het Guarani, met het Spaans de officiële taal.*

▲*De stijgbeugels van de huasos zijn voorzien van houten klompen waar de voeten prettig in rusten.*

CHILI

Over de westkust van Zuid-Amerika strekt Chili, ingeklemd tussen de vrijwel onneembare barrière van de Andes en de Grote Oceaan, zich uit over een lengte van 4200 km, bij een gemiddelde breedte van 200 km.

Als men denkt aan de verschillen die er al in landen met een veel compacter vorm dan Chili bestaan, tussen bijvoorbeeld de mensen in het Middellandse Zee-gebied en die in het noorden, dan kan men zich voorstellen dat de communicatie tussen een bewoner van Arica op de grens van Peru en Bolivia en een bewoner van Punta Arenas aan de Straat van Magallanes ten zuiden van Patagonië, niet vanzelf gaat.

Toch hebben de 10 miljoen Chilenen, of zij nu van de Indianen afstammen, van de Spaanse kolonisten (het merendeel) of van de Duitse, Zwitserse, Franse, Italiaanse, Baskische, Griekse of Ierse kolonisten, een herkenbare identiteit. Evenals in Noord-Amerika heeft de smeltkroes ook hier zijn werk gedaan, daarbij geholpen doordat Chili in haar geïsoleerde situatie tussen de bergen en de zee een insulair particularisme heeft ontwikkeld.

Het zuiden van Chili werd in 1520 door Magallanes ontdekt, terwijl Diego de Almagro in 1535 Noord-Chili binnentrok. Maar pas in 1540 wordt door Pedro de Valdivia vanuit Peru een poging tot kolonisatie ondernomen. Deze conquistador beschikt voor dat doel slechts over 150 Spaanse soldaten en 1000 Indianen, maar zijn mannen zijn met moderne musketten uitgerust en goed geharnast. Bovendien hebben zij paarden, een in dit werelddeel nog onbekend dier. De eerste stammen waarmee Valdivia in aanraking komt, geven zich zonder veel weerstand over. Valdivia legt in het dal van de rio Mapocho de eerste steen van wat Santiago zal worden en zet vol vertrouwen zijn mars zuidwaarts voort tot hij bij het land van de Araucanen komt. Deze Araucanen zijn primitieve, maar goed georganiseerde Indianen, afkomstig van de andere kant van de Andes (het huidige Argentinië). De Spanjaarden moeten na een lange, onbesliste guerrilla-strijd de rio Bío-Bío als grens accepteren en trekken zich op het middengebied terug. In 1533 wordt Valdivia door het Araucanenhoofd Lautaro gevangengenomen en doodgemarteld.

In feite zullen de Spanjaarden drie eeuwen nodig hebben om de Indianen te onderwerpen en in die tijd genoegen moeten nemen met het centrum van het land. Zij bouwen er *villa's* in de Romeinse zin van het woord: grote landbouwbedrijven waar veroveraars en onderworpenen zich in (betrekkelijke) rust vermengen.

Merkwaardigerwijs is het Napoleon die dit evenwicht verstoort door Spanje binnen te vallen. Als hij in 1808 koning Karel IV onttroond heeft, wordt er in Chili een regering gevormd om in het aldus ontstane gezagsvacuüm te voorzien. Haar eerste vergadering vindt plaats op 18 september, een datum die later tot nationale feestdag wordt uitgeroepen. Er volgt een periode van onrust waarbij royalisten (aanhangers van de Spaanse koning) en autonomen (voorvechters van de onafhankelijkheid) lijnrecht tegenover elkaar staan. In 1818 zal ene Bernardo O'Higgins, zoon van een uit Ierland afkomstige gouverneur van Chili, met steun van de Argentijnse libertador José de San Martin, Chili zijn onafhankelijkheid bezorgen. O'Higgins – de George Washington van Chili – wordt tot 'hoogste chef' van de republiek benoemd. Als hij echter geen kans ziet de hervormingen die hij noodzakelijk acht door te voeren, treedt hij in 1823 af. In 1833 neemt het land een grondwet aan; deze zal tot 1925 van kracht blijven. In die tijd wordt het grondgebied van de Araucanen in het zuiden gepacificeerd tot aan de Straat van Magallanes. Chili is dan van het smoorhete woestijngebied in het noorden tot het ijskoude woestijngebied in het zuiden één staat.

Het belang van de noord-zuid as in Chili wordt nog benadrukt door het reliëf van het land. Slechts een vijfde deel van het oppervlak is vlak land. In het oosten vormt de bergketen van de Andes of *Cordillera de los Andes* de grens met Argentinië, in het westen loopt het kustgebergte of *Cordillera de la Costa* steil naar de Grote Oceaan af. Daartussenin ligt de centrale vlakte die zich tot Puerto Montt aan de zee uitstrekt. Vanhier af bestaat het zuidelijke deel van Chili alleen uit de Andes, alsmede uit de eilanden voor de

► *Eén van de meest spectaculaire landschappen van de Atacamawoestijn is de dorre Maanvallei.*

▲*Deze jonge Indiaanse, bijgenaamd 'Miss Chili', werd door het woestijnzand van Atacama gemummificeerd. Ze zal ongeveer twaalfhonderd jaar oud zijn. (San Pedro de Atacama)*

kust die niets anders zijn dan de pieken van het verzonken deel van het kustgebergte.

Met een dergelijke bodemstructuur is het duidelijk dat de wegen van west naar oost slechts verbindingswegen zijn die niet zouden bestaan zonder de lange noord-zuid as die het hele gamma van landschappen en klimaten zonder één enkele grensoverschrijding doorloopt. Het ligt dan ook voor de hand het land in deze lengterichting – zoals ook de kolonisten het deden – te verkennen; men doorkruist dan achtereenvolgens het *Norte Grande*, het *Norte Chico* en het zuiden.

Het Norte Grande

Rijkdom opleverende verlatenheid

Het Norte Grande (grote noorden) is een woestijngebied waar het kustgebergte uit de Grote Oceaan oprijst om samen met het reusachtige, ijzige Andesgebergte een rotsachtige, maximaal 80 km brede en tussen de 1000 en 1300 m hoge terreininzinking te omsluiten. Deze 'laagvlakte' is 1000 km lang: duizend kilometer droogte en verlatenheid die echter in de vorige en in het begin van deze eeuw, dank zij de guano, de salpeter en het koper, de rijkdom van het land vormde.

De meest noordelijke stad is de havenstad Arica, die door de Carretera Panamericana (de eindeloos lange Panamerikaanse autoweg die in Alaska begint en Noord- en Zuid-Amerika doorkruist) met Peru verbonden is, en met La Paz, de hoofdstad van Bolivia, door een 450 km lange spoorweg die dwars door de Andes gaat en de reiziger een lange reeks van onvergetelijke landschapsbeelden biedt. Vroeger hoorde Arica bij Bolivia waarvan het de enige zeehaven was, maar in 1879 verloor Bolivia zowel Arica als de salpeteroorlog. Tot deze oorlog hadden de Chilenen de stoot gegeven omdat zij geen genoegen namen met de belasting die de Bolivianen van plan waren te heffen op de salpeter die zij (de Chilenen) in de woestijnen van Tarapacá en Atacama exploiteerden. Arica, de havenstad aan het uiteinde van de wereld, bezit een merkwaardige in staal opgetrokken, pseudogotische kathedraal, een schepping van de Franse ingenieur Eiffel.

Vlak bij Arica is het Azapa-dal een oase in de droogste woestijn van de wereld (1 mm water per jaar); het dal dat zich als een groen lint tussen de steile zoutoevers uitstrekt, wordt door het water van de Andes bevloeid en brengt een overvloed aan vruchten voort.

150 km oostelijk van Arica, hoog in de bergen, steken onder de altijd felblauwe hemel de hutjes met rieten daken en het stenen kerkje van het Indiaanse dorp Parinacota nauwelijks af tegen de witte, steenachtige achtergrond van de woestijn. Aan de horizon, aan de andere kant van de grens met Bolivia, houdt de 6520 m hoge Sajama de wacht. Aan deze kant van de grens weerspiegelt het gladde, groene oppervlak van het Chungarameer dat op 4500 m hoogte het hoogstgelegen meer van de wereld is, de besneeuwde top van een 6000 m hoge vulkaan.

De weg die naar het zuiden afdaalt, biedt verschillende verrassingen. Op meer dan 3000 m hoogte is Chuquicamata de belangrijkste dagkopermijn die er bestaat. Uit de steengroeve met gele en rode terrassen, die op een reusachtig Grieks theater lijkt (4,5 km lang, 1,5 km breed, 500 m diep), winnen 10.000 mijnwerkers dagelijks 180.000 ton erts. Uit die 180.000 ton wordt 1000 ton vrijwel zuiver koper gehaald en wat overblijft wordt in de omgeving tot enorme gele slakkenbergen opgestapeld.

Niet ver hiervandaan ligt Calama, waarvan wordt beweerd dat de wind er elke dag van het jaar om 14 uur precies komt opzetten, een centrum van excursies naar de zoutwoestijn van Atacama en naar San Pedro de Atacama, een klein dorp in een uiterst merkwaardig decor. De achtergrond wordt namelijk gevormd door een zestal dode vulkanen van ongeveer 6000 m en hoger (de Tocorpuri telt 6755 m). Hun grijze flanken en witte kruinen rijzen onverwacht op uit de vlakte waarvan de schaarse vegetatie net voldoende is om enkele lama's te voeden. Maar die lama's zijn van levensbelang voor de bergbewoners die hun melk drinken, hun vlees eten, hun wol spinnen en weven en ze als lastdier gebruiken.

Ongeveer dertig jaar geleden begon de jezuïet Gustave Le Paige, een hartstochtelijke archeoloog, met opgravingen rondom San Pedro de Atacama, in de woestijn waar vroeger de Kunzas Indianen leefden. Hij legde meer dan 5000 skeletten en ruim 400 door de

▲*In de buurt van Chuquicamata, op meer dan 4000 m hoogte, manifesteert het vulkanisme van het Antofagasta Gebergte zich in de warme bronnen en geisers van El Tatio.*

▲*Cactussen, waarvan de vlezige stelen het vocht van de dauw vasthouden en de bladeren tot niet meer dan stekels zijn uitgegroeid, zijn de planten die zich het best hebben aangepast aan de vreselijke droogte van de Atacamawoestijn.*

droogte van het zand gemummificeerde lichamen bloot, alsook talloze offergaven in de vorm van urnen, sieraden, pijlen, stoffen enz. Een en ander is in het museum bij de kerk te bezichtigen. Niet ver van het dorp doet de rode Maanvallei met zijn stekelige pieken zijn naam eer aan.

El Tatio, zo'n 70 km verder, is een roestkleurig, zwavelachtig gebied waar de geisers hoog opspuiten, maar minder hoog naarmate de zon aan het uitspansel klimt. Er bestaan plannen hier een geothermische centrale te bouwen die het hete water in elektriciteit moet omzetten.

Na dit uitstapje in de Atacamawoestijn weer naar de kust afdalend, is men in Antofagasta terug in de beschaafde wereld. De haven van dit stadje, dat op de smalle kuststrook niet veel ruimte heeft, is de uitvoerhaven van koper en salpeter uit deze streek. Antofagasta valt vooral op door haar groene parken en door prachtige palmbomen beschaduwde promenades. Niet dat de grond hier beter is dan in de omgeving, maar in de bloeitijd van de salpeterhandel waagden de vrachtschepen, die op de 55ste breedtecirkel zware stormen moesten trotseren, zich aan deze kust niet met een leeg ruim. Zij vulden daarom hun schepen met goede, Europese aarde en dit verklaart de uitbundige vegetatie van Antofagasta. Op enkele kabellengten van de kust verrijst de 30 m hoge Portadarots met zijn in de loop der eeuwen door de golven uitgeholde portaal.

Zuidwaarts bereikt men het als het ware in percelen opgedeelde land van de *pampas*, lager gelegen vlakten die afgebakend worden door de bergreliëfs die het kustgebergte met de Andes verbinden. Het nog steeds dorre en woeste, maar mooie landschap wordt afgewisseld door mijnstadjes, zoals de haven van Chañaral waarvan de houten huizen aan de Far West-steden tijdens de goldrush doen denken. Chili heeft trouwens ook zijn spooksteden die na de salpetercrisis van de jaren dertig door de mijnwerkers en handelaren werden verlaten. Eén ervan is Chacabuco tussen Antofagasta en Calama, dat in haar bloeitijd gedurende de jaren twintig ruim 10.000 zielen telde.

Norte Chico

Overgang naar vruchtbare valleien

Langzamerhand verschijnt het water. Tegen een achtergrond van nog steeds kale bergen hebben bescheiden stroompjes dalen uitgehold waar de vegetatie onmiddellijk beslag op heeft gelegd. Dit is het Kleine Noorden of *Norte Chico*. Het klimaat wordt geleidelijk aan zachter en is ter hoogte van Valparaíso-Santiago gematigd warm. Daarvóór ligt aan de Grote Oceaan echter nog La Serena, een prettige, opvallend goed geconserveerde stad in Spaans-koloniale stijl, waar nog steeds naar een schat wordt gezocht die er ooit door piraten zou zijn verstopt.

Aan de noordkant van Valparaíso ligt Viña

▶*De Quechua-Indianen van Norte Grande werden door hun overwinnaars tot het katholicisme bekeerd. Hun rustieke kerkjes, zoals de Guallatirakerk, zijn een mengeling van Spaanse stijl en Inka-tradities.*

▲*Aan de voet van de eenenveertig heuvels van Valparaíso is het Plan, aan de kades langs de zee, de zaken- en havenwijk. Valparaíso is de belangrijkste haven van Chili.*

del Mar (de Chilenen zeggen alleen maar 'Viña'), het Chileense Acapulco, dat haar naam dankt aan de wijnstokken die hier door een Spaanse kapitein na 1560 werden geplant. Met de in het loof verscholen Spaans-Moorse villa's, de landhuizen in Normandische stijl en het casino is Viña dè chique badplaats van het land. Het strand dat zich langs de baai van Valparaíso uitstrekt is een van de mooiste van Zuid-Amerika. Helaas is

▲*De cerros (heuvels) waar de huizen van Valparaíso tegenaan gebouwd zijn, zijn zo steil dat trappen vaak de plaats van stegen hebben ingenomen.*

het water, ondanks de ligging van Viña (evenals Buenos Aires) op 33° zuiderbreedte niet erg warm vanwege de koude Humboldtstroom die van Antarctica komt en hier de kust passeert. De temperatuur van het zeewater is doorgaans niet hoger dan 18°.

Langs de kust voert de Avenida España van Viña del Mar naar Valparaíso, de tweede stad van Chili, die zich uit de verte amfitheatergewijs tegen de heuvels aftekent. Want de stad ligt verspreid over maar liefst 41 heuvels of *cerros*. Sommige huizen staan op palen om de hoogteverschillen te overbruggen en de meeste zijn in vrolijke, blauwe, roze en groene tinten geschilderd. Evenals langs de Middellandse Zee hangt de was voor de ramen te drogen. Er zijn veel tuintjes, stegen, passages, doodlopende straatjes en nauwe hoekjes die alleen voor muilezelverkeer geschikt zijn.

De baai, de heuvels, de kleurige huizen... het doet aan San Francisco denken, maar de trams zijn vervangen door een twintigtal kabelbanen die de gezellige, drukke kades – *Le Plan* geheten – met de bovenstad verbinden. Evenals San Francisco werd ook Valparaíso in 1906 door een aardbeving, gevolgd door een springvloed, verwoest. Als belangrijkste vissershaven van het land zijn er visrestaurants te kust en te keur, van eenvoudige tot hele dure. Tevens is Valparaíso een marinehaven met een zeevaartschool en een opleidingsschip, de fraaie driemaster *Esmeralda*, waar de stad erg trots op is.

Vanuit Valparaíso zijn via een dwarsvallei van het kustgebergte de populaire wintersportoorden in de Andes te bereiken, waaronder Portillo, dat sinds de wereldkampioenschappen skiën in 1966 beroemd is. Los Andes ligt aan de spoorweg die dwars over het hier 1200 km brede continent Santiago met Buenos Aires verbindt. Overigens kan

Los Andes zich, naar men zegt, op een weinig benijdenswaardig wereldrecord beroemen, namelijk dat van de meeste aardbevingen. Het dal is echter zó vruchtbaar, dat de bewoners liever aan een leven met aardschokken wennen dan dat zij ergens anders gaan wonen. Want in dit gezegende, zonnige klimaat, beschut tegen de westenwinden en met voldoende water van de bergen, gedijt alles buitengewoon voorspoedig, of het nu om fruit, groente of wijndruiven gaat.

▲*Achter de Salar de Carcotte, een van de grote zoutvelden op het centrale plateau, verrijst de sneeuwmassa van de Aucanquilcha (6180 m).*

In het dal stroomt een bergachtige rivier met een bekende naam: de Aconcagua. De rivier dankt haar naam aan het bergmassief waar zij ontspringt en waarvan men lange tijd dacht dat de top (op Argentijns grondgebied) 7040 m hoog was. Het laatste geodetisch onderzoek heeft echter uitgewezen dat deze niet hoger is dan 6960 m. Maar zelfs zonder die 80 m blijft de Aconcagua de hoogste top op het zuidelijk halfrond.

Santiago

Brug tussen noord en zuid

Zo'n honderd kilometer zuidwestelijk van de *Cristo Redentor* en op 600 m hoogte, in de laagvlakte die zich als een brede stroom van noord naar zuid tussen het kustgebergte en de Andes uitstrekt, ligt de hoofdstad van Chili, Santiago. De stad werd vierenhalve eeuw geleden door Pedro de Valdivia gesticht onder de naam Santiago del Nuovo Extremo.

Santiago telt meer dan 4 miljoen inwoners, een derde van de bevolking van het hele land.

▶*'Villarrica' is zowel de naam van een aantrekkelijk vakantieoord aan een van de mooiste meren van het merengebied, als van een vulkaan met een schitterende sneeuwwitte kegel.*

Onder de blauwe hemel van de Andes (300 dagen zon per jaar) en door het gesloten kustgebergte beschut tegen de gure winden uit het koude zuiden, toont de stad een harmonieus samengaan van moderne flatgebouwen en koloniale architectuur. Haar bevoorrechte ligging tussen de mijnstreken van Noord-Chili en het agrarische Zuid-Chili heeft veroorzaakt dat Santiago zich vanaf 1609 rustig heeft kunnen ontwikkelen. In dat jaar verving het Concepción definitief als hoofdstad door aan de voet van de twee heuvels van de stad, de Santa Lucía en de San Cristóbal (thans mooie parken), de *Real Audiencia* (de 'Koninklijke Rechtbank') te vestigen.

Het centrum van de stad aan de voet van de Santa Lucía rondom de Plaza de Armas en noordelijk van de Alameda toont nog de oorspronkelijke stadsuitleg van Pedro de Valdivia. De Plaza de Armas, het hart van de stad, is een mooi en gezellig plein waar de vele banken uitnodigen tot een rustig ontspannen tegenover de oude kathedraal waar beroemde zonen van het land rusten en waar het fonkelende zilveren altaar een karakteristiek staaltje Spaanse kunst is. Onder de arcades rondom het plein vindt men het soort winkels dat typisch is voor oude stadswijken waar ook ter wereld. Door de winkel- en kantoorstraten flanerend kan men de Moneda niet missen, de vroegere Munt, thans het presidentiële paleis. Hier werd in september 1973 president Salvador Allende, die drie jaar met de coalitie van linkse partijen (de Unidad Popular) had geregeerd, door de militairen gedood. Sindsdien heerst de militaire junta van generaal Augusto Pinochet over Chili.

De Alameda – die zelden voluit Alameda Bernardo O'Higgins wordt genoemd – werd aangelegd in de bedding van de rio Mapocho, waarvan de stroom ter ere van deze prachtige, 100 m brede avenue werd verlegd. Aan de Alameda, die de hoofdslagader van de stad werd, liggen de in 1842 gestichte universiteit en de San Franciscokerk, een van de oudste gebouwen van Santiago (1550). De kerk werd in het midden van de vorige eeuw gerestaureerd nadat haar kerktoren tijdens een aardbeving ingestort was. Sindsdien wordt ze met veel zorg onderhouden – gelukkig maar, want met haar schilderachtige kloosterhof waar de bomen en fonteinen tal van vogels trekken, is ze dat alleszins waard. In de schaduw van de San Francisco bevindt zich het museum van koloniale kunst dat een unieke verzameling barokschilderijen bezit die alle aan het leven van de heilige Franciscus zijn gewijd. Langs de nationale bibliotheek (naar men zegt de belangrijkste van Zuid-Amerika) voert de Alameda naar de Cerro Santa Lucía, waar een oud kanon dat op de resten van het Hidalgofort staat gericht dagelijks op het middaguur buldert.

De tweede heuvel van Santiago, de Cerro San Cristóbal, is hoger dan de Cerro Santa Lucía. Met zijn 300 m maakte de San Cristóbal de bouw van een kabelspoor en een tandradbaan verantwoord, hetgeen niet wil zeggen dat de bestijging van de heuvel te voet langs een lommerrijk pad, een onaangename wandeling zou zijn. Halverwege kan men desgewenst de dierentuin bezoeken waar de plaatselijke fauna is vertegenwoordigd: condors, lama's en vicuña's (wilde lama's).

▲ *Triomfboog uit de 19de eeuw in het park van de Cerro Santa Lucía, één van de twee heuvels van Santiago.*

Op de top van de heuvel waakt een 14 m hoog Mariabeeld van wit marmer over de stad. Vanhier heeft men een goed uitzicht over Santiago waarvan de buitenwijken na een eerste uitbreiding in de jaren dertig in de Tweede Wereldoorlog naar verschillende kanten zijn verspreid. Oostwaarts is de Barrio Alto de woonwijk van de meer kapitaalkrachtigen met hier en daar een vergeten plukje volkswijk of industrie, zuidwaarts is over meer dan 20 km één aaneenschakeling van huizenblokken en percelen zichtbaar. Vanaf de Cerro San Cristóbal heeft men ook zicht op de verschillende architectonische bezienswaardigheden van Santiago: Los Sacramentinos, de kerk die een kopie is van de Sacré-Coeur van Parijs, en het Estado Nacional, een gigantisch stadion dat plaats biedt aan 80.000 mensen, wat op zichzelf niet verwonderlijk is in een land waar het voetbal – zoals in heel Latijns Amerika – tomeloze hartstochten ontketent.

▲ *Santiago: eertijds Muntgebouw, vervolgens zetel van de regering, was la Moneda in 1973 het toneel van het bloedige einde van de regering van Allende.*

De centrale vlakte

Het land van de huasos

Ten zuiden van Santiago bereikt de Carretera Panamericana de centrale vlakte die hier nog steeds ingebed ligt tussen het kustgebergte en de Andes en die een bij uitstek agrarisch gebied is waar de vroegere plattelandsdorpen uit het koloniale tijdperk echter industrieel, commercieel en cultureel actieve steden zijn geworden zoals Talcahuano, Chillán en Concepción. Het klimaat is er aangenaam en het landschap weliswaar niet zo groots als in het noorden, maar toch zeer aantrekkelijk en ook hier zijn de besneeuwde toppen van de Andes zichtbaar. In de dalen slingeren rode aarden wegen waar de ossewagen nog een veel gebruikt vervoermiddel is, langs vredige rivieren waarvan de stroom onregelmatig is. 's Winters worden de rivieren door regen gevoed, 's zomers door smeltsneeuw.

Dit is het land van de *huasos,* de cowboys van Chili, ervaren ruiters van wie de operetteachtige dracht die eeuwen geleden uit Andalusië werd geïmporteerd, met de bij de Andes-Indianen zo geliefde felle kleuren werd verrijkt. De belangrijkste feesten van deze streek zijn de rodeo's, maar er worden hier nog meer traditionele agrarische gebeurtenissen gevierd (voor zover deze niet voor de mechanisatie hebben moeten wijken), zoals de wijnoogst, het merken van de ossen en het dorsen van het koren (dat vroeger op de deel door paardehoeven gebeurde).

De woningbouw heeft eveneens zijn Iberische karakter behouden: het huis met het Romeinse tegeldak, de grote veranda en de brede met baksteen geplaveide gangen heeft drie of vier patio's vol bloemen in potten en vruchtbomen. Al deze Spaanse tradities ten spijt, hebben zich in de vorige eeuw in deze streek enkele duizenden ijverige Duitse kolonisten gevestigd. Zij hebben ontegenzeglijk veel bijgedragen tot de ontwikkeling van het land door er verschillende industrieën te vestigen: conserven- en meelfabrieken, leerlooierijen en (bescheiden) ijzer- en staalwerken waaraan een paar belangrijke hydro-elektrische centrales goedkope energie leveren. De nakomelingen van deze pioniers zijn heden ten dage bankier, industrieel, groothandelaar of grootgrondbezitter.

Aan de rio Bío-Bío, 15 km van de Grote Oceaan verwijderd, ligt het dynamische Concepción, de vroegere hoofdstad van Chili en na Santiago en Valparaíso de dichtstbevolkte en belangrijkste stad van de streek. Behalve industriestad is Concepción ook een cultureel centrum dat zich ontwikkeld heeft dank zij een zeer actieve universiteit die een schouwburg, musea, een 'huis voor de kunst' en een radiostation onder haar beheer heeft. De nabije haven van Talcahuano completeert de waaier van mogelijkheden die Concepción biedt.

Historisch staat Concepción bekend als de vestingstad bij de door de Bío-Bío gevormde grens, de uiterste punt van de opmars van de Spanjaarden naar het zuiden waar zij door de wilde Araucanen (of *Mapuches* van *mapu* = land en *che* = geboorte) werden tegengehouden. Drie eeuwen lang voerden de Araucanen een verbeten oorlog om de Spaanse kolonisatie ten zuiden van de Bío-Bío te verhinderen. Thans een eeuw geleden besloot de gouverneur van Santiago er een eind aan te maken en zo kwam het tot de 'pacificatie' van Araucanië. Er werden vestingen gebouwd, die later steden zijn geworden. Eén ervan is Temuco waar de Nobelprijswinnaar Pablo Neruda zijn jeugd doorbracht, die later in zijn boeken over de ondergang van de Araucanen zou schrijven. Hij verhaalt hoe tegen de Indianen geen wapen onbenut werd gelaten, van geweld tot onteigeningswetten en van de aan de kant van de rijken staande priesters tot de alcohol.

Temuco wordt tegenwoordig beschouwd als de hoofdstad van Araucanië waar de Araucanen zelfbestuur kennen. Gekleed in kleurige gewaden, zoals zij altijd al gekleed gingen, vaak blootsvoets en gezicht en lichaam beschilderd, brengen zij de produkten van hun dorpen naar de markt in de stad.

▲*Onberispelijk gekleed wacht deze huaso op de rodeo, waarbij hij voor een publiek van kenners zijn ruiterkunsten zal kunnen demonstreren.*

▲*De afstammelingen van de trotse Araucanen, die zolang tegen de Spanjaarden stand hielden, komen de produkten van hun boerderijen op de markt van Temuco verkopen.*

Het merengebied

De 'tuin der goden'

Voorbij de oude Spaanse vestingstad Valdivia komt men in het gebied van de meren, geliefd bij de Chilenen die nooit moe worden de schoonheid ervan te bezingen in hoogdravende termen waarvan 'tuin der goden' er een is. Het gebied wemelt van de vulkanen en de meren (waarvan er 25 van 15 tot 900 km^2 groot zijn), terwijl coniferen (o.a. de araucaria, de boom van de Araucanen) de besneeuwde hellingen van de Andes bedekken. De vruchtbare dalen zijn het domein van zowel de akker- als de weidebouw.

Wij laten Neruda weer aan het woord om de schoonheid van de Chileense bossen te beschrijven: 'De voeten zinken weg in dode bladeren, een teer takje ritselt, de reusachtige beuken verheffen hun stekelige stammen, een vogel uit de jungle klapt met zijn vleugels en nestelt zich in de zwarte takken. Vanuit zijn schuilplaats klinkt zijn gezang als een hobo... Mijn neus snuift de wilde geur van de laurier op en brengt die op mijn ziel over, en zo ook het ondefinieerbare aroma van de boldo... De cypres van de Guaitecas verspert me de

▶*De araucaria is typisch voor het land van de Araucanen en komt op sommige hellingen ten zuiden van de rio Bío-Bío voor.*

▶▶*Aan het zuidelijke uiteinde van de Andes – de langste bergketen ter wereld (7000 km) – wijzen de spitse pieken van de Torres del Paine trots hemelwaarts.*

▲*In Punta Arenas aan de Straat van Magallanes herbergen de houten gebouwen van het oude fort Bulnes een streekmuseum.*

weg... Dit is een verticale wereld: een wereld van vogels, een hoop bladeren... Ik struikel over een steen, ik krab met mijn nagel in een holletje in die steen, een reusachtige spin met rode haren kijkt me met zijn starre ogen aan, onbeweeglijk en dik als een kreeft... Doorlopend, kom ik in een varenbos waar de varens veel groter zijn dan ik: zij laten uit hun koude, groene ogen zestig tranen op mijn gezicht vallen en nog lange tijd trillen hun waaiers achter mij... Een vermolmde stam...'.

Voor zover men het ene land met het andere kan vergelijken, lijkt dit gebied van Chili het meest op het Rocky Mountains- en merengebied van Canada. Ook hier vele bergstromen en watervallen en in de rivieren wemelt het van soms reusachtige zalmen en forellen. De vulkanen met hun afgeplatte kegels en hun gladde, besneeuwde hellingen doen aan een Japanse prent denken. Van de 25 meren is het Lago Llanquihue met 900 km^2 het grootste. Het helder blauwe water ervan weerspiegelt de besneeuwde toppen van de schitterende 2661 m hoge vulkaan Osorno. Maar helaas zijn er aan de voet ervan fabrieken, o.a. een suikerfabriek, gevestigd, waarvan de schoorstenen de bekende misselijk makende dampen verspreiden.

Op een afstand van ongeveer 20 km van de Grote Oceaan, aan de samenvloeiing van twee rivieren, is Valdivia de belangrijkste stad van het merengebied. De çonquistador Pedro de Valdivia stichtte de stad in 1522, maar de Araucanen dwongen hem al spoedig de stad te verlaten. Pas in de tweede helft van de 19de eeuw zou president Montt Vicente Pérez Rozales sturen om de resten van het oude fort, dat de Spanjaarden in de inham hadden gebouwd, weer te bezetten. Men kan er nog steeds op de zee gerichte, bronzen kanonnen bewonderen.

Pérez liet Duitse boeren komen die de streek met hun boerderijen en schuren een typisch Duits aanzien hebben gegeven. In 1960 verwoestte een aardbeving en een daaropvolgende niet te blussen brand de stad. Valdivia werd in de moderne stijl herbouwd.

Het desolate zuiden

Geen rails, geen weg, niets dan zee

Circa 200 km ten zuiden van Valdivia, aan een reusachtige, beschutte golf, de Golf van Ancud, houdt de spoorweg plotseling op. De weg eveneens. Dit is Puerto Montt, het verbindingspunt tussen het continentale en het insulaire Chili, dat 1700 km verder definitief zijn einde vindt bij Kaap Hoorn, het zuidelijkste punt van de beide Amerika's.

Puerto Montt heeft nog zijn houten huizen met tegeldaken uit de vorige eeuw. De grote attractie van het havenplaatsje – speciaal voor kunstenaars en gastronomen – is het afladen van de schaaldieren: karren rijden tot hun wielnaven het water van de Angelmokreek in om de vissersschepen, die boordevol oesters, mosselen, zeespinnen en allerlei andere schaaldieren van het eiland Chiloé komen, te lossen.

De stad dankt haar naam aan de grote Chileense staatsman Manuel Montt, een academicus die van 1851 tot 1861 president van de republiek was. Hij bracht het zuiden tot ontwikkeling, legde wegen aan, stelde een Burgerlijk Wetboek op dat op dat van Napoleon geënt was, schafte het eerstgeboorterecht af en moderniseerde het onderwijs. Zijn zoons Jorge en Pedro werden eveneens president: de eerste van 1891 tot 1896, de tweede van 1906 tot 1910.

Zuidelijk van Puerto Montt is het enige transportmiddel de boot. De reusachtige grijze, met schuim omzoomde oceaangolven spatten stuk op een oneindig aantal eilandjes, kapen en fjorden tot aan het eiland Hoorn, ten zuiden van Vuurland, in de befaamde Kaap Hoorn. In deze zuidelijke zone valt 5 m regen per jaar, de zon vertoont zich er slechts twee maanden per jaar en er razen gedurende drie maanden per jaar stormen. De vissers van het eiland Chiloé, dat 60 km van de kust verwijderd ligt, hebben geen gemakkelijk leven. Het eiland is nog vele herinneringen rijk aan de tijd van de Spaanse overheersing, onder meer vele houten kerken die zonder een enkele spijker zijn gebouwd en door de bewoners onbeholpen zijn versierd in een stijl die tegelijk barok en naïef is. Tevens groeit hier de wilde aardappel.

Hier begint de *Zona de los Canales* (de 'Kanaalzone'), een chaotisch zeedoolhof tussen de eilanden en het continent van diepe geulen die in de ijstijd zijn ontstaan. De enige bestaansmiddelen in deze streek zijn de schapenteelt (de wolligste ter wereld) en de visvangst die op deze verraderlijke zee niet ongevaarlijk is.

De meest zuidelijke provincie heet Magallanes en haar hoofdstad Punta Arenas (zandpunt) ligt aan de Straat van Magallanes. In 1520 ontdekte de Portugees Fernão de Magallanes ten noorden van Vuurland deze doorgang tussen de Atlantische en de Grote Oceaan, waarmee de schepen het ronden van de gevreesde Kaap Hoorn werd bespaard.

Ondanks haar ligging op 53° zuiderbreedte (de Kaap van Zuid-Afrika ligt op slechts 34°) is Punta Arenas, vroeger een centrum van zeehonden- en walvisjagers, een aardige, levendige stad. Er leggen vele schepen aan, er wordt wol verwerkt, vlees ingevroren en tevens worden er de reusachtige zeespinnen die hier gevangen worden, ingeblikt. Voorts is er de olie van Chileens Patagonië die hoe langer

▶*Kaap Hoorn, vroeger de schrik van de zeevaarders en de laatste Amerikaanse voorpost voor de ijzige verlatenheid van Antarctica, wordt vrijwel altijd door stormen geteisterd.*

▲*Puerto Montt, eindpunt van weg en spoorweg, is de poort naar het lange snoer van eilanden dat zich naar het zuiden tot aan Vuurland uitstrekt.*

hoe meer mensen trekt naar de zuidelijkste agglomeratie van de aardbol (met uitzondering van het dorp Ushuaia op Argentijns Vuurland).

Met Vuurland wordt behalve de archipel die de zuidelijkste punt van Zuid-Amerika vormt, ook het belangrijkste eiland van die archipel aangeduid. Dit eiland, dat half Argentijns en half Chileens is, werd in 1520 door Magallanes ontdekt. Vanwege de vuren die de eilandbewoners op de kust ontstaken, noemde hij het eiland Vuurland. Met de eeuwig waaiende winden, steile granietrotsen die het sluitstuk van het Andesgebergte vormen en het koude, mistige klimaat met de eeuwige sneeuw al op 700 m hoogte, is Vuurland een verre van paradijselijk eiland. Het vlakke gedeelte van het eiland is met bossen, veen en weiland bedekt. De vrij arme fauna beperkt zich tot *guanaco's, tucotuco's* (een soort ratten) en *coypous* of beverratten (door bontwerkers ook wel 'nutria' genoemd). De vissers en zeehondenjagers weten niet wat landbouw is en hebben praktisch geen enkel contact met de beschaafde wereld.

Zuidelijk hiervan vormt Kaap Hoorn met zijn 580 m hoge rots het einde van het continent, maar niet van Chili, dat zich 1000 km verder op Antarctica voortzet met een 1.250.000 km² groot grondgebied waar het onderzoekstation O'Higgins is gevestigd. 's Zomers smelt op de kuststrook de ijskap die dit gebied bedekt en dan wordt een met korstmos en stenen bedekte grond zichtbaar. Dit is het domein van de pinguïns die er hun nesten maken. De koude zee verbergt enorme reserves aan plankton dat vroeger de vele walvissen voedde. Maar de mens is hier verschenen en de walvissen zijn schaars geworden.

Aldus eindigt in de sneeuw en het ijs van Antarctica een land dat enkele duizenden kilometers noordelijker in een volkomen ander landschap maar ook in sneeuw en ijs was begonnen, maar toen betrof het de ijzige koude van de Andes.

▶*Op de hoge plateaus van de Andes zijn bezoekers schaars en het is dan ook begrijpelijk dat een fotograaf de nieuwsgierigheid van de lama's wekt.*

▲*Kudden ossen waren lange tijd de enige rijkdom van Argentinië en zijn nog steeds van zeer groot belang voor de economie van het land.*

ARGENTINIË

Aan de westkant van Argentinië strekt zich over 3900 km het Andesgebergte uit, aan de oostkant over 2500 km de Atlantische kustlijn. De kern van dit agrarisch ingestelde land vormen echter de pampas.

VAN de grote landen van Latijns Amerika is Argentinië zonder twijfel het meest miskende land. Dit komt waarschijnlijk doordat men zich er geen enkele van de stereotypen bij kan voorstellen, die de andere naties karakteriseren. Brazilië, Mexico, Peru, Bolivia en Chili hebben ieder hun eigen kenmerken. Argentinië natuurlijk ook: de eindeloze pampa's, de ontelbare kudden en de *gauchos* met hun pofbroeken; maar men ervaart dit alles als vrij eentonig, iets waar men niet te lang bij stil hoeft te staan. Men vergeet zo echter dat achter de uitgestrekte vlakte landschappen liggen die misschien wel de mooiste en in ieder geval de meest afwisselende van het continent zijn.

Deze verscheidenheid is tegelijk de grootste aantrekkingskracht van Argentinië. De afwisseling wordt gedeeltelijk verklaard door de uitgestrektheid van het land: een oppervlakte van bijna 3 miljoen km² vanaf het noorden tot het zuiden (3693 km), trapsgewijs gelegen over bijna alle breedtegraden, vanaf de Steenbokskeerkring tot aan het poolijs van Antarctica. Ook speelt de verandering van het reliëf een belangrijke rol. Vanaf de hoogste toppen van de Andes loopt dit geleidelijk af tot aan de grote vlakten in het Atlantische oosten.

In deze sterk contrasterende landstreken leven bijna 32 miljoen Argentijnen. Het Europese element, dat sterk overheerst, geeft de republiek haar meest duidelijke karakteristiek, maar het Indiaanse bloed heeft ook nog wel degelijk invloed. De vroegere *gauchos*, die de ziel van dit land vormden, waren halfbloeden. De invloeden van het Indiaanse ras worden merkbaar, zodra men hun gebied nadert. Er zijn weinig zwarten: als 'pastorale' kolonie kende Argentinië nauwelijks grote plantages, waar slaven werden ingezet. Echter, talloze emigranten afkomstig van het Oude Continent trokken ten tijde van de grote volksverhuizingen in de 19de eeuw naar deze kusten, die vrijwel onbewoond en onontgonnen waren. In 1850 telde Argentinië slechts 800.000 inwoners, in 1870 al 1,5 miljoen en in 1914 zelfs 8 miljoen. De meesten waren van Spaanse of Italiaanse afkomst, maar er waren ook emigranten uit Engeland, Frankrijk, Rusland, Syrië en Libanon. Samen vormden ze de meest wonderbaarlijke en heterogene verzameling mensen in de Nieuwe Wereld.

Ondanks deze grote stroom immigranten die de aanblik van het land in nauwelijks meer dan een halve eeuw compleet veranderde, bleef Argentinië één van de landen van de wereld, waar de bevolkingsdichtheid het geringst is (minder dan 11 inwoners per km²). Men moet echter beseffen dat de republiek in eerste instantie gevormd wordt door een enorme metropool – Buenos Aires en omgeving – met ruim 9 miljoen inwoners, die een derde deel van de bevolking in haar economische net houdt. De aantrekkingskracht die de stad uitoefent op de mensen van het platteland is één van de hoekstenen van de Argentijnse beschaving.

Buenos Aires

De magie van een metropool

Buenos Aires is een stad die in het algemeen niet gunstig wordt beoordeeld. 'Een alledaagse, vervelende, grijze stad', wordt vaak gezegd, 'verstoken van al het pittoreske'. Welnu, als men door Zuid-Amerika reist, is het dan juist niet om ergens anders te zijn, zich 'anders' te voelen? Welnu, dan wordt men hier teleurgesteld. Is die uitgestrekte, modderige watervlakte, waarvan men niet veel ziet vanwege de mist nu de befaamde rio de la Plata, waarvan de naam zo mooi klinkt? Is dat nou die *Costanera* (kust) waar bijna allemaal op elkaar lijkende restaurantjes en herbergjes naast elkaar liggen en waar 's zondags de massa bij elkaar komt? Er is geen enkel historisch, interessant monument, geen enkel spoor van een groots verleden. Het oudste gebouw van de stad is het rustieke, geheel witte *Cabildo* (stadhuis) op het Plaza de Mayo, waar in 1810 de opstand tegen Madrid bekendgemaakt werd. Wat moet men met een stuk Amerika, waar geen enkele precolumbiaanse ruïne en geen weelderige barokkerken te vinden zijn?

Grote lanen verdelen de bebouwde kom in

▲ *Volbloed Indianen zijn zeer zeldzaam in Argentinië, maar bepaalde kenmerken zijn nog terug te vinden bij de mestiezen (halfbloeden), met name bij die uit de provincie Mendoza.*

blokken en verdwijnen in de oneindig uitgestrekte buitenwijken, zonder een opvallende plaats tegen te komen. Uitzonderingen zijn de middelmatige architectuur van het Congresgebouw, dat gebouwd is naar het voorbeeld van het Capitool in Washington en de Sacré-Coeur van Montmartre, een overdadig versierd Casa Rosada (het in roze kleuren gehulde Regeringspaleis), een reusachtige obelisk en een koloniaal theater, waarvan het prestige, die het verdient, de neo-klassieke gevel niet verandert. De Avenidas de Mayo, Nueve de Julio, Rivadavia (waarvan wordt gezegd dat dit de langste verkeersader van de wereld is) en Corrientes zijn grote 'rivieren', die onafgebroken stromen verkeer met zich meevoeren. Hier steken de ongewone en gekleurde reclames van de autobussen, die met verchroomde tierelantijnen overladen zijn, fel bij af. Dit is ook het enige pittoreske kenmerk van een derde-wereldstad die zó Europees is, dat de wolkenkrabbers er zelfs misstaan.

In de zuidelijke wijken hangt de sfeer van een trieste buitenwijk. De vroegere pampadorpjes zijn door het grote Buenos Aires opgeslokt: Avellaneda, Quilmes en Lanus zijn enorme agglomeraties geworden, waar het industriële hart van het land, met zijn fabrieken, graanpakhuizen en reusachtige abattoirs, klopt. Voor de toerist is er echt geen reden daar rond te wandelen, net zo min als in de *villas miserias*, de krottenbuurten net buiten de stad, waar de laatste immigranten uit de provincie, de *cabecitas negras*, op elkaar gepakt zitten, gelokt door de aantrekkingskracht van een misleidende stad.

De haven, waar de dokken over tientallen kilometers uitgestrekt liggen, valt nauwelijks op. Men wandelt er langs zonder erbij stil te staan: de zee is zo ver weg! Alleen de oude wijk van La Boca, met zijn lage huisjes in de kleuren van Napolitaans ijs en zijn drukbezochte bistrootjes, straalt een romantische sfeer uit die men er niet meer zou verwachten. Van het noorden tot het zuiden lijkt La Boca op een denkbeeldige stad waar melancholische zuiderlingen wonen en ze wordt doorkruist door mysterieuze steegjes. Het is een dichterlijk verbanningsoord, dat in slaap wordt gewiegd door de verscheurende klanken van de tango, de 'trieste dansende gedachte', die is ontstaan in de buitenwijken aan het eind van de vorige eeuw en voeding geeft aan een gevoel van heimwee en ambivalentie van de immigrant.

Heimwee en ambivalentie, dat zijn de sleutelwoorden van Buenos Aires. Men vindt ze tevens in een andere oude wijk, San Telmo. Deze kende bloeiende tijden, maar raakte in verval en werd later gerehabiliteerd door artiesten en schrijvers. Daar, in de schaduw van het Lezamapark, staan de stalletjes van winkeliers en ambachtslieden dicht tegen elkaar, terwijl de antiquairs en handelaren in tweede-handsspullen op het Plaza Dorrego te vinden zijn. Alle herinneringen aan honderd jaar onzekere en toch reële vestiging vindt men hier bij elkaar. Op deze plek is Europa teder en bescheiden nagebouwd. Er zijn res-

▲ *De platte hoed in Andalusische stijl en de felrode poncho zijn een soort uniform voor de gauchos van Salta in het noordwesten.*

▲*Buenos Aires: het Regeringspaleis dankt zijn bijnaam Casa Rosada ('Roze Huis') aan de kleur van de stenen waaruit het is opgebouwd.*

taurantjes met blinkende meubels, met macramé gordijnen en kroegen waar de cultus van de eeuwige tango op een verstandelijke manier voortduurt. Dit stukje gekunsteldheid is onlosmakelijk verbonden met de hang naar oude zaakjes. Aan de andere kant van de stad heerst de ambivalentie al evenzeer. De Barrio Norte ('Noordelijke Wijk') die zich uitstrekt tussen de bomen aan de rand van het Generaal San Martinplein en die van het mooie Palermopark, is een kopie van Passy, Auteuil en Neuilly in Parijs, met bijzondere hotels van behouwen natuursteen, gebouwd door Franse en Argentijnse architecten voor de 'vlees-, wol- en graanprinsen'. De kerkhoven van La Recoleta en Chacarita, waar zich fabelachtige grafmonumenten bevinden, lijken op die van Père-Lachaise in Parijs en Campo Santo in Genua. Maar de paardenrenbaan in Palermo en het enorme met gras bedekte amfitheater van de *Sociedad Rural Argentina*, waar in juli de mooiste exemplaren van de nationale veestapel te zien zijn, herinneren aan datgene wat een stad verschuldigd is aan een omgeving, waarin het paard en het rund centraal staan. De traditionele Aberdeen, de Angus, de Hereford en de Shorthorn herinneren eraan dat Engeland lange tijd de onbetwistbare meester van de rijkdommen van de pampa was.

De welgestelde voorsteden, die zich uitstrekken tussen Palermo en de Tijgerdelta – Martinez, San Isidro, Vicente Lopez en Olivos, waar de president woont – stralen eveneens een Britse sfeer uit, die in het hart van Buenos Aires begint: de bakstenen klokketoren, een verre neef van de Big Ben, die het station van Retiro siert, verdient zijn naam 'Torre de los Ingleses', aangezien het een cadeau is van koningin Victoria van Engeland aan de hoofdstad van Argentinië.

Maar de herinnering aan Parijs of Londen is nog maar nauwelijks verdwenen of op de hoek van een straat of van een plein doemt plotseling een beeld van Milaan of een momentopname van Madrid op. Floride en Lavalle, voetgangersstraten in het centrum, waar tussen de avenues Santa Fe en Corrientes bioscopen, theaters, *whiskerias*, restaurants en luxe winkels dicht bij elkaar liggen, roepen door de levendigheid die er heerst een beeld van Italië en Spanje op.

Buenos Aires heeft veel overeenkomsten met Europa. Maar naarmate men de stad verder binnendringt, ontdekt men meer en meer dat het karakter van deze aan het einde van de wereld gelegen hoofdstad zeer heterogeen is en niet onder één noemer te vangen. De altijd aanwezige ambivalentie maakt dat de stad overkomt als een soort droom, een enigszins vervormende spiegel, waarin men andere bekende steden ziet. Het achtergelaten vaderland werd hier opnieuw gecreëerd.

De Porteño

De angst voor de eenzaamheid

De *Porteños* ('zij, die afkomstig zijn uit de haven', de traditionele benaming van de inwoners van Buenos Aires), die tegenwoordig niets anders zijn dan de kinderen, kleinkinderen of zelfs achterkleinkinderen van ontheemde Europeanen die hun gevoel van heimwee naar het geboorteland gestalte gaven aan de oevers van de Río de la Plata, hebben weinig aan hun stad veranderd. De

▲*La Boca, de Italiaanse wijk van Buenos Aires die een ongewone aanblik vertoont vanwege de bontgekleurde gevels van haar huisjes, trekt tal van bezoekers.*

stijl die de toenmalige immigranten aan de stad gaven, is nog altijd dezelfde. Zij het in een wat verkapte vorm en zelfs hevig ontkend door een pietluttig, maar in wezen onuitroeibaar chauvinisme, is de nostalgie toch nog altijd wat ze geweest is.

Maar wie is nu eigenlijk de gemiddelde Argentijn? Volgens andere Zuidamerikanen is een Argentijn een Italiaan die Spaans spreekt met een Napolitaans accent en zich als een Engelsman beschouwt. Deze wraak van de buren met een minder lichte huid op het superioriteitsgevoel dat de Argentijnen zelf soms voorwenden, laat tenminste één waarheid zien: Argentijn zijn betekent ook lijden, omdat men niet meer precies weet wie men is. Andere landen – en zeker niet de kleinste: de Verenigde Staten in de eerste plaats en ook Brazilië – zijn echter ook produkten van de immigratie. Hoe komt het dan dat de mentaliteit van de immigranten hier in sterkere mate is blijven voortbestaan dan elders?

Er kunnen twee redenen worden aangevoerd om dit verschijnsel te verklaren. Ten eerste, het massale en nogal homogene karakter van de immigratie, die grotendeels uit Italië afkomstig is. Vervolgens – en vooral – de kristalliserende invloed van Buenos Aires, als staat binnen de staat, die beter beschermd wordt door de autoringweg van Generaal Paz dan China door de beroemde Muur. De stad schijnt genoegen te scheppen in het psychodrama van de stedeling, die van de buitenwereld afgesloten leeft.

In diepste wezen is Buenos Aires een doel op zich gebleven, de laatste ankerplaats, een stad die voortdurend weerstand biedt aan de 'roep' vanuit de omringende grote leegte. Dit is voor Buenos Aires schijnbaar altijd de belangrijkste reden van bestaan geweest.

Voor de inwoner blijkt deze grote leegte eerder psychologisch te zijn dan werkelijk in de provincie van Buenos Aires die, ondanks een zeer geringe bevolkingsdichtheid in vergelijking met die van Europa of de Verenigde Staten, toch de dichtstbevolkte is van het land. Maar de meesten wonen in de stedelijke centra, waarvan de provinciehoofdstad *La Plata* de belangrijkste is.

Het zomerse schouwspel van Mar del Plata is daar het meest frappante voorbeeld van. Aan de Atlantische kust, op enkele kilometers afstand van immense, volstrekt verlaten stranden, komt de verbazingwekkendste strandconcentratie van twee hemisferen als een ironische uitdaging overeen met de definitie die de schrijver Scalabrini Ortiz geeft van de Argentijn: 'Een mens die eenzaam is en wacht'. Idee-fixe van de leegte, onuitgesproken bezorgdheid, angst voor een bepaalde afwezigheid, een mateloze behoefte om elkaar bij te staan, de warmte te voelen van zijn buurman, zelfs als men op zijn eigen 'eilandje' wil blijven zitten. Het één verklaart het ander. Het is hetzelfde kudde-instinct dat 's zondags *porteñas*-families bijeenbrengt in de min of meer landelijke *recreos* van de Tijgerdelta, of in de indrukwekkende stadions – River Plate, Boca Junior -, heilige voetbaltempels. 'Meer dan elders?', zult u zich afvragen. Ja, een beetje meer nog dan elders. Hier althans is dat duidelijker te voelen en vooral hier kan men de echte beweegredenen beter begrijpen.

De Argentijnen, die van huis uit scherpe waarnemers zijn en te midden van wie men opmerkelijke humoristen aantreft, brengen u trouwens gemakkelijk op een dwaalspoor. Eenzaamheid en Freudiaanse vervreemding: dat zijn de langs elkaar heen gaande gesprekken van de 'zittende vrouw' van Copi. De strijd om het bestaan, kundig verborgen door de dringende zorg om een goed figuur te slaan: dat zijn de snoeverijen van 'Dr. Merengue', een bekende stripfiguur. Wat Mafalda betreft, het onuitstaanbare, kleine dochtertje van Quijano: zij drukt heel goed de haat-liefde-verhouding uit die een groot aantal Argentijnen onderhouden met hun vaderland, terwijl ze als ze maar even de kans krijgen schreeuwen dat 'zulke dingen beslist niet kunnen gebeuren in dàt land dáár!' 'Dat land daar!', *este pais*.... De afstand tussen de bekoring van een ideaal vaderland, ontstaan in de dromen van de immigranten, en de moeite die zij ondervinden om de banden met de oude geschiedenis te verbreken, waarvan ze de draad reeds hebben verbroken, wordt op deze manier buitengewoon subtiel aangeduid. Maar deze wanverhouding op zich vormt een buitengewone bron van zelfbeschouwing, en dus een bron van rijkdom voor het verstand. Het doorlopend zoeken naar de eigen identiteit blijkt voor de Argentijnse intellectuelen een diepgevoelde stimulans te zijn, die hen vooruitbrengt op wegen van uiterste spitsvondigheid. De grote romanschrijver, dichter en essayist Jorge Luis Borges vormt daarvan het beroemdste voorbeeld.

Buenos Aires neemt op deze manier een unieke positie in tussen Europa en Amerika. De stad, die op het eerste gezicht heel gewoon schijnt te zijn, zonder al te veel attracties, openbaart zich in de praktijk als een stad waarin men nog altijd naar de waarheid op zoek is, een soort surrealistische smeltkroes waarin men hoe langer hoe meer opgaat. Een stad die nergens en tegelijkertijd toch overal aanwezig is, een fascinerende stad, een betoverende stad voor hen die de magie van de ondoorgrondelijke plaatsen altijd zullen blijven verkiezen boven de eenvoudige verleidingen van het pittoreske.

De pampa

Uitgestrekte oceaan van gras

De pampa vormt op zichzelf de gehele mythologie van Argentinië. De vlakte strekt zich uit over een afstand van tweeduizend kilometer, van het noorden naar het zuiden, en tenminste duizend kilometer van het oosten naar het westen, van de Atlantische Oceaan tot het Andesgebergte. Er is geen enkel obstakel dat het epische gefluit van de wind op deze metafysische vlakte kan doen stoppen. De grondleggers van de Argentijnse literatuur – Sarmiento met zijn *Facundo*, José Hernández met zijn *Martín Fierro* – hebben er in de vorige eeuw het Walhalla van de moderne centauren (de eerste gauchos) van gemaakt.

Vroeger zei men dat de *gauchos* genood-

▶*Buenos Aires: het uitbundig gesierde Congrespaleis is de zetel van de Kamer van Afgevaardigden en van de Senaat.*

ARGENTINA

▲*Opgericht in de 17de eeuw voor de evangelisatie en de bescherming van de Guarani-Indianen, werd de San Ignacio Mini verlaten toen de onderkoning de jezuïeten uitwees.*

zaakt waren een koe af te maken om er hun rijdier aan vast te kunnen binden. Tegenwoordig hebben zij hun toevlucht tot iets anders genomen: enkele bomen en omheiningen van prikkeldraad bakenen nu de *estancias* ('boerderijen') af om de kudden er in te kunnen opsluiten. Maar de pampa is nog steeds meedogenloos. Wat kunnen de expedities van het modernisme beginnen tegen deze droge oceaan? Immers, de Pampa die vermoedelijk gevormd is door alluviale invloeden vanuit zee, is welbeschouwd een oceaan van gras. Men vindt er dichte begroeiing in het vochtige gedeelte en vrijwel geen begroeiing in het droge gedeelte. Verder zijn er hier en daar zouthoudende lagunes en moerassen te bespeuren. De onbeweeglijkheid van het landschap wordt bovendien nog eens geaccentueerd door de voorbijtrekkende wolken aan de hemel en door het zich langzaam verplaatsende hoornvee.

De grote centrale vlakte beslaat een vierde gedeelte van Argentinië en voorziet het land van twee grote rijkdommen: vlees en graangewassen. De vlakte laat tevens de legende voortbestaan van de wilde, vrije natuurmens, van de onstuitbare ruiter, waaraan het Argentinië van de 20ste eeuw, op zoek naar zijn oorsprong – vaak ten onrechte -, veel genoegen beleeft.

Het isolement van de *estancias*, waarvan sommige enkele duizenden hectaren in beslag nemen, is weliswaar niet meer zoals vroeger, maar blijft een van de buitenwereld afgesloten levenswijze inhouden. Dit leven speelt

▶*De watervallen van Iguaçu, die verborgen liggen in het ongerepte oerwoud aan de grenzen van Argentinië en Brazilië, zijn uitgestrekter, hoger en overvloediger dan die van de Niagara.*

▲*In Tilcara werd in een natuurlijke omgeving een Inkadorp (Pucará) gereconstrueerd.*

zich nog steeds af rondom het huis van de 'meester' – die vaak afwezig is -, de plaatselijke kantine en de bijgebouwen, die door de *peones* (landbouwers) worden bewoond. Zij staan onder toezicht van de *capataz* of de *mayordomo*, de vertrouwensman van de baas.

De indrukwekkende eentonigheid van de pampa verloochent zich niet langs de Atlantische kust, tussen Mar del Plata en Bahia Blanca, de grote graanhaven. Men moet wel

▲*Van de Guarani-Indianen, die zijn afgeslacht door de veefokkers, leven er nog maar enkele tienduizenden in de provincie Misiones.*

helemaal in het westen zijn, bij de steenachtige heuvels van Tandil, om uiteindelijk enig reliëf te ontdekken. Deze bescheiden hoogvlakten, zo'n 300 km ten zuidwesten van Buenos Aires, dienen als grens van het territorium dat tot 1879 de Indianen toebehoorde. In dat jaar veroverden de federale troepen van generaal Roca de pampa, waarbij ze in geen enkel opzicht onderdeden voor de veroveraars van het Amerikaanse Westen.

In het noordwesten, 700 km vanaf de Argentijnse hoofdstad, verspert een veel belangrijkere, hoge 'muur' de horizon, namelijk de Sierra de Córdoba. Dit is het begin van het Andesgebergte, met een hoogte van 2800 m, kronkelende wegen, rivieren en meren. Vakantiedorpen zoals Carlos Paz met haar zomerverblijven aan het bekoorlijke San Roquemeer, ten slotte, bieden na de steppen het genoegen van een gevarieerd landschap, een aangenaam klimaat en een mediterrane sfeer.

Córdoba, dat met Rosario strijdt om de titel van tweede stad van de republiek, is een mooie stad, waarvan de industriële dynamiek de rijke koloniale erfenis niet al te zeer heeft aangetast. Deze universitaire en streng katholieke stad, die in 1573 gesticht werd door Spaanse veroveraars afkomstig uit Peru, heeft rond haar kathedraal een aantal van de meest interessante kerken in jezuïtische stijl verzameld, die in Argentinië te zien zijn.

Rosario en Santa Fe, gelegen aan de rechteroever van de Paraná, komen ten opzichte van Córdoba behoorlijk alledaags over. Als men de grote rivier, die per stoomboot tot aan Buenos Aires kan worden afgezakt, is overgestoken, wordt het tropische karakter van het klimaat duidelijker in de provincie Entrerios. De teeltgrond is hier bijna net zo vlak als de pampa. Het klimaat wordt zelfs nog tropischer in de provincies Corrientes, Chaco en Formosa, die zich in noordelijke richting naar Paraguay uitstrekken.

Vanuit Posadas, de hoofdstad van de provincie *Misiones* waar de 'Compagnie van Jezus' in de 17de en 18de eeuw de befaamde inlandse onderwerping instelde, bevinden zich de indrukwekkende ruïnes van San Ignacio Miní, die sinds de uitwijzing van de jezuïeten in 1767 geheel zijn overwoekerd door het oerwoud. Ook ligt hier het mooiste natuurgebied van de beide Amerika's, de Iguaçu-vallen. Deze laten door hun woeste kracht en schoonheid de Niagarawatervallen

▲*De aanwezigheid van metaaloxiden in de bodem zorgt ervoor dat de dorre hellingen die Tilcara omringen onverwachte tinten krijgen.*

in het niet verdwijnen. De twintig watervallen liggen op de grenzen van drie landen – Argentinië, Brazilië en Paraguay.

De Argentijnse Andes
Duizenden kilometers bergen

De provincies Salta en Jujuy, die zich naar het noorden toe verheffen en doorlopen tot aan de Boliviaanse Altiplano, liggen nog steeds binnen de Steenbokskeerkring. Toch vertoont het landschap hier veel verschillen met de tropische vlakten van Chaco, Formosa of van Santiago del Estero. Dit is namelijk het droge gebied van de cactussen, met het decor voor een western, met fel licht en met Coya-Indianen, die traditioneel beschilderd zijn en gekleed gaan in *ponchos* met felle kleuren en ronde vilten hoeden. Maar het is ook de bakermat van het oudste gedeelte van Argentinië, daar waar de Spaanse veroveraars, die uit Lima of Potosí afkomstig waren, zich begonnen te vestigen en waar de 'caudillistische' tradities en de patriarchale gewoonten van het creoolse Spanje het langst hebben standgehouden. Kortom, het is de meest on-

▶*Een ware oase in de minerale chaos van de Andes vormt de quebrada ('ingesloten vallei') van Humahuaca, die op 3000 m hoogte een verfrissend groen landschap biedt.*

▲*In het noorden van Argentinië kondigen rotswanden en rotsachtige bergtoppen de grote 'muur' van het Andesgebergte aan.*

wezenlijke en tegelijk de meest fascinerende streek van de gehele republiek. In ieder geval is dit het gebied waar men zich het verst verwijderd voelt van Buenos Aires met haar kunstmatige en kosmopolitische magie. Güemes, een beroemd *gaucho*-leider en held van de onafhankelijkheid, verwezenlijkte in zijn geboorteplaats Salta zijn koloniale droom van een mooie plaats, bevolkt door blanken. In de schaduw van de barokke kathedraal wordt hier nog steeds tegen de schemering de traditionele *paseo* (wandeling) in ere gehouden.

San Salvador de Jujuy, iets noordelijker, heeft evenmin gebrek aan charme, maar hier voert het landschap de boventoon. Men kan zich nauwelijks iets spectaculairders voorstellen dan de *quebradas* (ingesloten valleien) van Huamaca en Huacalera. Deze valleien hebben veelkleurige rotswanden met een doffe glans, die de sfeer van de Grand Canyon van Colorado oproepen. Bovendien bevinden zich daar de schitterende *calchaquis*-valleien, genoemd naar de Indianen (ook bekend onder de naam 'Diaguites') die er de Spaanse veroveraars vroeger heel wat te stellen gaven. Duizelingwekkende wegen verklaren de chaotische vegetatie die al naar gelang de hoogte verandert. Een van de valleien leidt via La Quiaca, op een hoogte van 3442 m, naar de

▲*Europese kolonisten verdreven de Quechua's naar de armste streken van de Altiplano.*

maanachtige wereld van Bolivia. De grootste avonturiers kunnen ook de onwaarschijnlijke spoorweg volgen die vanaf Salta via de bergpas van Chorrillos (4450 m) en San Antonio de los Cobres naar beneden in de richting van de Chileense woestijn van Atacama en de Stille Zuidzee loopt.

De bedrijvige provincie Tucumán – die zich op suikerriet heeft toegelegd – en de provincies Catamarca en La Rioja – die zijn ingesluimerd in de herinnering aan een glansrijke 18de eeuw – vormen een rustige overgang naar de hoge toppen van de centrale Andes, gelegen in de provincies San Juan, Mendoza en San Luis.

Er gaat een mediterrane bekoring van dit gebied uit, met haar afwisseling van dorstig braakland en overvloedige oases, waar wilgen en populieren zich vermengen met palmbosjes. De Argentijnen hebben er overigens de oude, inlandse naam 'Cuyo' aan gegeven. In deze streek worden de beste Argentijnse wijnsoorten geproduceerd. Het is tevens het gebied van de olijfbomen en van de boomgaarden die dank zij een historisch netwerk van *acequias* (irrigatiekanalen) kundig worden bevloeid. Aan de majestueuze, aaneengesloten, alomtegenwoordige horizon schittert de formidabele muur van de Cordillera, waarvan de besneeuwde bergtoppen tegen een blauwe hemel afsteken.

Zowel de omgeving als het klimaat, die beide zeer uitzonderlijk te noemen zijn, maken van Mendoza – gesticht in 1561 – de meest aangename stad van Argentinië om in te leven. Goed eten, goede wijnen en, voor de wandeling, mooie lommerrijke lanen met platanen, die doen denken aan de 'Provence' in Frankrijk. Jammer genoeg zijn er praktisch geen oude monumenten meer te vinden. De laatste zijn in de vorige eeuw met de grond gelijk gemaakt als gevolg van één van de vele aardschokken die de vruchtbare grond hier regelmatig heen en weer doen schudden. Eenzelfde lot onderging San Juan, maar hier slaagde deze voortdurende bedreiging er niet in de levensstandaard in de provincie van Cuyo aan te tasten, noch een snel toenemend toerisme te belemmeren.

De Cerro de la Gloria, die overheerst in Mendoza, is bekroond met een imposant bronzen monument dat werd opgericht tot meerdere eer en glorie van het leger van generaal San Martín, die vanhier vertrok om Chili te bevrijden, na een heroïsche tocht door het Andesgebergte. De grote weg en de spoorweg volgen deze historische route, de beste manier om in de buurt van de glanzende, bevroren pracht van de Cordillera te komen. Deze bergketen is het rijk van de condor en het decor van de heldendaden van de pioniers van de luchtpost.

Voorbij Villavicencio, een plaats met warme bronnen, begint het pas werkelijk te

▲*In de afgelegen provincie Jujuy, waar de moderne beschaving zeer langzaam doordringt, ziet men nog steeds aardewerk van terracotta.*

▲*Ongeveer tienduizend jaar geleden heeft een Patagonische volksstam de wanden van de Cueva de los Manos bedekt met handafdrukken.*

stijgen vanaf Uspallata, te midden van indrukwekkende ravijnen en door sneeuw vervormde silhouetten van hoge bergtoppen waaraan men de naam 'Boetvaardigen' gegeven heeft. Puente del Inka bevindt zich al op een hoogte van 2718 m en op meer dan 3800 m ligt de Chileense grens, bij de bergpas van de Cumbre. Deze wordt beheerst door het silhouet van het standbeeld van Christus de Verlosser die de 'eeuwige vriendschap' – helaas maar al te vaak ontkend – tussen Argentinië en Chili inzegent. Het trotse massief van de Aconcagua verheft zich tot een hoogte van 6960 m en is omringd door andere aanzienlijke bergtoppen, die minder bekend zijn.

De meren van Patagonië
en de Zuidpoolgebieden

Op enkele honderden kilometers ten zuiden van Mendoza vormt de Cordillera een andersoortig gebergte. Dat het landschap er hier zo anders uitziet, is niet alleen een kwestie van geografische breedte, maar ook van hoogte, want aangezien dit gedeelte van de Andes minder hoog en minder massief is, kunnen hier de vochtige winden van de Grote Oceaan voorbijtrekken. Een weelderige 'mantel' van begroeiing heeft het merengebied, dat

▶*Het immense Lago Argentino, sieraad van het Nationale park van Los Glaciares, wordt van water voorzien door de Andesgletsjers.*

▶▶*Aan de grenzen van Argentinië en Chili doemt de met sneeuw bedekte granietachtige spitse top van de Fitzroy-berg op.*

▲ *Twee grote stukken leer, de guardamontes, dienen ter bescherming van de benen van de gaucho tegen doornige struiken.*

hierom terecht beroemd is, de titel van 'Argentijns Zwitserland' bezorgd.

In zijn totaliteit gaat de vergelijking van dit gebied met Noorwegen eerder op, maar het is nog grootser, indrukwekkender en verrassender. De Argentijnse araucariawouden en de andere wouden met hun verbazingwekkende verscheidenheid in boomsoorten, alsook de talloze meren vanwaaruit Wagneriaanse fjorden de bergen in stukken lijken te scheuren, waren tot voor honderd jaar geleden het strikte domein van de primitieve en geduchte Arauca-Indianen.

Deze ongereptheid vindt men overigens in mindere mate terug in San Martín en Junín de los Andes, de twee belangrijkste vakantiecentra in het Nationale Park van Lanín, en nauwelijks meer in San Carlos de Bariloche, dè toeristische hoofdstad aan het 500 km² grote Nahuel Huapimeer en tevens de bijna verplichte plaats in Argentinië voor pasgehuwden om de wittebroodsweken door te brengen. 's Winters komt men er om te skiën, 's zomers om de romantische sfeer te ondergaan die uitgaat van het weidse vlakke landschap van het schiereiland Llao-llao en van de vallei van de 'betoverende' Limayrivier, die een bedwelmende uitwerking heeft op een ieder die zich aan haar oevers neervlijdt! Zodra men deze door mensenhanden min of meer geordende paradijzen van de sportvisserij, de jacht op groot wild en de bergtochten verlaat, herneemt de natuur haar rechten en is opnieuw woest en ruw, soms lieflijk, maar in alle opzichten groots.

Ten zuiden van het Nationale Park van Nahuel Huapí, 2000 km van Buenos Aires, bevinden zich verschillende gebieden die nog niet ontdekt zijn door toeristen en waar men zich nog niet heeft gewaagd vanwege het gebrek aan comfort. De avontuurlijk ingestelde reizigers kunnen verder reizen naar de lariksbossen van Esquel, de voornaamste plaats in het Los Alercespark, en nog verder naar het Park van Perito Moreno, waar al onmiskenbaar een veel strenger klimaat heerst. Uiteindelijk bereikt men het Park van Los Glaciares, gelegen aan het immense Lago Argentino dat een oppervlakte heeft van 1500 km² en waarin ijsbergen drijven die, als gletsjers begonnen, vanaf de beroemde Fitzroy-top en andere Patagonische bergtoppen naar beneden zijn gegleden en zodoende in het meer terecht kwamen.

Verder reizen is niet onmogelijk, maar wordt meer een soort jeugddroom over tot de verbeelding sprekende plaatsen, zoals de Straat van Magallanes, Vuurland en Kaap Hoorn, plaatsen waarvan men zich voorstelt dat ze verdoemd zijn en die hun reputatie dan ook waarmaken.

Aan één zijde bergachtig, loopt Patagonië in de richting van de Atlantische kust over in een onmetelijk vlak landschap met een eentonigheid die erger is dan die van de pampa, waarvan Patagonië in zuidelijke richting een verlengstuk is. In dit gebied staat de schapenteelt centraal, naast, en dat is veel interessanter voor de economie van het land, de aardoliewinning, waardoor de haven van Comodoro Rivadavia een van de belangrijkste van het land is geworden. De rest van Patagonië kan worden omschreven als het rijk van de wind, die regelmatig met een verwoestende kracht van 180 km per uur over het land raast.

Ten zuiden van Rio Gallegos strekt Chili zich verder uit over de punt van Zuid-Amerika in de richting van het Zuidpoolgebied, waardoor het Argentijnse gedeelte van Vuurland als een driehoek wordt geïsoleerd van de rest van Argentinië. Ushuaia, de belangrijkste stad van Argentijns Vuurland, is gelegen aan het Beaglekanaal, vlak bij de grens met Chili. Deze plaats heeft slechts twee noemenswaardige bijzonderheden: zij diende ooit als strafkamp voor een groot aantal politieke gevangenen en is tevens de meest zuidelijk gelegen stad ter wereld.

De eens in deze streek levende Fuego-Indianen waren tot in de vorige eeuw talrijk en drongen zelfs door tot in het Magallanesgebied, maar zijn nu praktisch uit dit surrealistische landschap verdwenen, aangezien zij door schapenfokkers werden uitgeroeid.

Vanuit Ushuaia is het mogelijk naar de beruchte Kaap Hoorn te reizen, gelegen op de zuidelijke punt van het Chileense eiland met dezelfde naam.

In de Atlantische Oceaan liggen voor de Argentijnse kust de door de Britten bezette Falklandeilanden. De 'Falklands', door de Argentijnen 'Malvinas' genoemd, naar het Franse 'Malouines', de naam die de Franse zeelieden uit Saint-Malo aan de eilandengroep gaven, worden door Argentinië als haar bezit teruggeëist en zijn een bron van voortdurende strijd tussen Groot-Brittannië en Argentinië, die een voorlopig einde vond in de voor de Argentijnen zo desastreus afgelopen Falklandoorlog in 1982.

URUGUAY

De vruchtbare bodem en het milde klimaat maakten Uruguay begin deze eeuw tot de eerste welvaartstaat van Zuid-Amerika, maar door de recessie is het land in korte tijd economisch ineengestort.

Gedurende lange tijd vervulde de oostelijke republiek Uruguay een voorbeeldfunctie, als een oase van vrede en evenwicht in een Zuid-Amerika dat ten prooi is aan onophoudelijke staatsgrepen en aan langdurige sociale onrechtvaardigheid. Uruguay ligt ingeklemd tussen Argentinië en Brazilië, er wordt Spaans gesproken en het land kent dezelfde beschaving als Argentinië, maar ondergaat in minder sterke mate de economische aantrekkingskracht van Brazilië, dat dit land van 1821 tot 1827 annexeerde. Het 'kleine' Uruguay heeft een oppervlakte van 176.215 km^2 en telt zo'n 3 miljoen inwoners. Tegenwoordig ondervindt het land duidelijk meer moeite dan vroeger met het beschermen van haar bevoorrechte identiteit van bufferstaat.

Uruguay is een land van weilanden en heuvels, wordt bevloeid door talrijke rivieren en is gematigd in alle betekenissen van het woord. De hoogste top van het land reikt niet hoger dan 500 m. De steden in het binnenland lijken op rustige dorpjes. De pampa is er veel vruchtbaarder dan in Argentinië en het vee is van opmerkelijke kwaliteit. De landbouw waarvoor op deze buitengewoon vruchtbare grond een grote toekomst in het verschiet lag, is helaas nooit serieus tot ontwikkeling gekomen. De extensieve teelt – wol en vlees – en een bescheiden industrie voorzien ruimschoots in de behoeften van de bepaald niet talrijke bevolking. De Uruguayanen waren altijd met recht trots dat zij al heel vroeg een progressief systeem van sociale zekerheid en een voorbeeldige democratie kenden. Na de oorlog, toen veel moeilijker tijden de 'vette jaren' volgden, ondervonden zij echter grote problemen met het onder ogen zien van de harde werkelijkheid van een veel minder zekere wereld dan voorheen.

De *Tupamaros* en de militaire dictaturen hebben Uruguay, dat zichzelf ooit bestempelde als het 'Zwitserland' van Latijns Amerika, gedegradeerd tot een van de vele gebieden van armoede en onrust. De verpaupering valt onmiddellijk op zodra men in het 1,2 miljoen inwoners tellende Montevideo arriveert, na in één ruk vanuit Buenos Aires de Rio de la Plata te zijn overgestoken.

De stad, die in de 18de eeuw louter en alleen werd gesticht om voor Spanje als voorpost tegen de Portugese ambities te dienen, bezit geen enkel noemenswaardig monument, met uitzondering misschien van het aloude Cabildo. Maar de weelderige stijl waarin Montevideo gebouwd is – Belle Époque, rococo – verleent haar een zekere charme en komt Europeser over dan die van Buenos Aires, omdat ze meer overwogen en minder rechtlijnig is. Ook de levendigheid op de straten en in de cafés en de vriendelijkheid van de zeer beschaafde bevolking hebben in grote mate bijgedragen aan dit beeld van de stad.

Misschien is het onredelijk deze zaken aan het verleden toe te schrijven, maar de levenslust is niet meer zoals ten tijde van de schitterende avonden in het theater Solís. En wat men de 'oude stad' noemt – het gedeelte rondom het Plaza Matriz, het Plaza Independencia, omgeven door panden met zuilengalerijen, en de Avenida 18 de Julio – lijdt tegenwoordig onder een melancholische sfeer van verval.

Toch zijn er enkele mooie villawijken en aantrekkelijke parken en is er het Montevideo van de *rambla* (de boulevard) langs de zee en de nabijgelegen stranden. Want de Uruguayaanse hoofdstad is, hoewel zij de oceaan de rug schijnt te hebben toegekeerd, tevens een haven, met in haar verlengde, in oostelijke richting, vlak bij zee, fraaie zomercentra. Pocitos, Malvin, Playa Honda en Carrasco (waar zich de luchthaven bevindt) leiden van de drukke 'badplaatsen' geleidelijk naar mooie villa's in Baskische stijl, die verscholen liggen in de verlaten eenzaamheid van pijnbomen en eucalyptusbomen.

Eenzelfde soort omgeving treft men 130 km verder aan bij Punta del Este, waar zich de allersjiekste stranden van Latijns Amerika bevinden. Buenos Aires heeft hier sinds lange tijd haar eigen rendez-vous plek van gemaakt, die heel wat sjieker is dan het 'gewone' Mar del Plata. Wie genoeg heeft van het casino, het golfen, het polospelen, het surfen of het schouwspel van de badgasten die hun gebronsde huid op de witte stranden showen, kan een bezoek brengen aan de zeeleeuwenkolonie die op nog geen kilometer afstand van de kust, op het eiland Lobos is gelegen.

▲*Panorama van de hoofdstad van Uruguay, Montevideo.*

Feiten en cijfers

Brazilië

Oppervlakte: 8.511.965 km²
Bevolkingsaantal: 140.696.000
Hoofdstad: Brasília (411.300 inw.)
Belangrijke andere steden: São Paulo, 7.033.000 inw.; Rio de Janeiro, 5.093.000 inw.; Belo Horizonte, 1.442.000 inw.; Salvador, 1.496.000 inw.; Recife, 1.184.000 inw.; Pôrto Alegre, 1.109.000 inw.; Curitiba, 844.000 inw.; Belém, 758.000 inw.; Fortaleza, 648.000 inw.; Manaus, 613.000 inw.
Regeringsvorm: Democratie; meerpartijenstelsel
Munteenheid: Cruzado = 1000 cruzeiros
Belangrijkste bevolkingsgroepen: Europese afstamming 62%, gemengd Europees-Indiaans-neger 26%
Taal: Portugees
Godsdienst: Rooms-katholiek 89%, protestant 7%, voodoo rest
Klimaat: Hoofdzakelijk tropisch en subtropisch, maar koeler aan de zuidkust en in hoger gelegen delen. Gemiddelde temperaturen in Rio de Janeiro van 17-24° C in juli tot 23-29° C in februari.
Belangrijkste bestaansmiddelen: Landbouw en veeteelt (runderen, koffie, graan, rijst, suikerriet, rubber, cacao, sojabonen); industrie (staal, automobielen, plastic, papier, alcohol, chemische stoffen, machinerieën); mijnbouw (ijzererts, mangaan, goud, uranium, diamanten, steenkool, aardolie, bauxiet, nikkel)
Exportprodukten: Machinerieën, diervoeders, koffie, cacao, ijzererts, automobielen, suiker, sojabonen en -olie, sinaasappelen, ijzer en staal, chemische produkten, nonferro metalen
Inkomen per hoofd (in Am$): 2100
Bevolkingsgroei (per duizend/jaar): 23
Leeftijdsverwachting: man 62, vrouw 66

Colombia

Oppervlakte: 1.138.914 km²
Bevolkingsaantal: 30.125.000
Hoofdstad: Bogotá (2.836.000 inw.)

Belangrijke andere steden: Medellín (1.112.000 inw.); Cali (968.000 inw.); Barranquilla (690.000 inw.); Cartagena (309.000 inw.); Bucaramanga (316.000 inw.)
Regeringsvorm: Democratische republiek
Munteenheid: Peso = 100 centavos
Belangrijkste bevolkingsgroepen: Mestiezen (gemengd Indiaans-Spaans) 58%, Europese afstamming 20%, mulatten 14%
Taal: Spaans
Godsdienst: Rooms-katholiek 97%, protestant 1%
Klimaat: Tropisch aan de kust, gematigd op de hoogvlakten. Gemiddelde temperatuur in Bogotá (op 2610 m hoogte) varieert van 10-18° C in juli tot 9-20° C in februari.
Belangrijkste bestaansmiddelen: Landbouw en veeteelt (graan, rijst, cassave, suiker, koffie, vee, bananen, tabak, katoen, maïs, aardappelen); bosbouw (hout); mijnbouw (aardolie, aardgas, goud, zilver, platina, smaragd, steenkool, ijzer, nikkel); industrie (textiel, staal, conserven, cement, papier, olieraffinage chemische stoffen)
Belangrijkste exportprodukten: Koffie, aardolie, steenkool, bananen, katoen, vlees, suiker
Inkomen per hoofd (in Am$): 1100
Bevolkingsgroei (per duizend/jaar): 21
Leeftijdsverwachting: Man 61, vrouw 65

Peru

Oppervlakte: 1.285.215 km²
Bevolkingsaantal: 20.837.000
Hoofdstad: Lima (4.601.000 inw.)
Belangrijke andere steden: Arequipa (498.000 inw.), Callao (443.000 inw.), Trujillo (539.000 inw.)
Regeringsvorm: Democratie; meerpartijenstelsel
Munteenheid: Sol = 100 centavos
Belangrijkste bevolkingsgroepen: Indianen 46%, mestiezen 43%, Europese afstamming 11%
Taal: Spaans, Quechua, Aimara
Godsdienst: Rooms-katholiek
Klimaat: Gematigd aan de kust, koeler in de Andes, tropisch in de selvas. Gemiddelde temperatuur in Lima varieert van 13-19° C in augustus tot 19-28° C in februari.
Belangrijkste bestaansmiddelen: Landbouw en veeteelt (suikerriet, katoen, rijst, graan, koffie, aardappelen, fruit, groenten, runderen); mijnbouw (aardolie, ijzererts, koper, goud, zilver, lood, zink, wolfraam, mangaan, steenkool); vis; industrie (textiel, cement, leerprodukten, plastics, chemische stoffen)
Belangrijkste exportprodukten: Aardolie, koper, suiker, ijzererts, zilver, katoen, zink, koffie, lood
Inkomen per hoofd (in Am$): 1010
Bevolkingsgroei (per duizend/jaar): 24
Leeftijdsverwachting: Man 56, vrouw 60

Ecuador

Oppervlakte: 283.561 km²
Bevolkingsaantal: 10.917.000
Hoofdstad: Quito (881.000 inw.)
Belangrijke andere steden: Guayaquil (1.279.000 inw.), Cuenca (151.000 inw.), Machala (122.000 inw.)
Regeringsvorm: Parlementaire republiek
Munteenheid: Sucre = 100 centavos
Belangrijkste bevolkingsgroepen: Mestiezen 55%, Indianen 25%, neger 10%, Spaanse afstamming 10%
Taal: Spaans, Quecha, Jivaro
Godsdienst: Rooms-katholiek 96%, protestant 2%
Klimaat: Tropisch; koeler in de hoger gelegen delen. Gemiddelde temperatuur in Quito (op 2850 m hoogte) varieert van 8-21° C.
Belangrijkste bestaansmiddelen: Land-

bouw en veeteelt (bananen, cacao, koffie, suikerriet, vee, zuivelprodukten); mijnbouw (aardolie, goud, koper, zwavel, aardgas); industrie (textiel, cement, hout, tabaksprodukten, suiker); vis
Belangrijkste exportprodukten: Aardolie, bananen, koffie, cacao, suiker, vis, schelpdieren
Inkomen per hoofd (in Am$): 1292
Bevolkingsgroei (per duizend/jaar): 27
Leeftijdsverwachting: Man 60, vrouw 64

Bolivia

Oppervlakte: 1.098.581 km²
Bevolkingsaantal: 6.810.000
Hoofdstad: La Paz (administratieve hoofdstad, 881.000 inw.), Sucre (wettige hoofdstad, 64.000 inw.)
Belangrijke andere steden: Santa Cruz (377.000 inw.); Cochabamba (282.000 inw.); Oruro (162.000 inw.)
Regeringsvorm: Parlementaire democratische republiek
Munteenheid: Peso = 100 centavos
Belangrijkste bevolkingsgroepen: Indianen 65%, Cholo (gemengd Indiaans-Europese afstamming) 25%, Spaanse afstamming 10%
Taal: Spaans, Quecha, Aymara
Godsdienst: Rooms-katholiek 95%
Klimaat: Tropisch; koeler op grotere hoogte. Gemiddelde temperatuur in La Paz varieert van 1-17° C in juli tot 6-19° C in november.
Belangrijkste bestaansmiddelen: Landbouw en veeteelt (aardappelen, maïs, suikerriet, cassave, katoen, graan, rijst, koffie, bananen, lama's, alpaca's); mijnbouw (tin, aardolie, aardgas, lood, zink, koper, wolfraam, bismut, antimoon, goud, zwavel, zilver, ijzererts); industrie (textiel, handwerk, conserven)
Belangrijkste exportprodukten: Tin, antimoon, wolfraam, zink, zilver, lood, aardolie, aardgas
Inkomen per hoofd (in Am$): 600
Bevolkingsgroei (per duizend/jaar): 26
Leeftijdsverwachting: Man 49, vrouw 53

Paraguay

Oppervlakte: 406.752 km²
Bevolkingsaantal: 3.820.000
Hoofdstad: Asunción (464.000 inw.)

Regeringsvorm: Dictatoriale republiek
Munteenheid: Guarani = 100 céntimos
Belangrijkste bevolkingsgroepen: Mestiezen 95%
Taal: Spaans, Guarani
Godsdienst: Rooms-katholiek 96%, protestant 2%
Klimaat: Subtropisch; gemiddelde temperatuur in Asunción varieert van 12-22° C in juni tot 22-35° C in januari.
Belangrijkste bestaansmiddelen: Landbouw en veeteelt (katoen, sojabonen, vee, tabak, graan, maïs, maniok, zoete aardappelen, bonen, rijst, suikerriet, fruit; industrie (elektriciteit, olieraffinage, conserven, cement, hout)
Belangrijkste exportprodukten: Katoen, vlees, hout, lijnzaad, tabak, quebracho-extract, huiden
Inkomen per hoofd (in Am$): 1490
Bevolkingsgroei (per duizend/jaar): 27
Leeftijdsverwachting: Man 63, vrouw 67

Chili

Oppervlakte: 756.945 km²
Bevolkingsaantal: 12.489.000
Hoofdstad: Santiago (4.132.000 inw.)
Belangrijke andere steden: Viña del Mar (299.000 inw.), Valparaíso (267.000 inw.), Concepción (210.000 inw.), Talcahuano (213.000 inw.), Antofagasta (170.000 inw.)
Regeringsvorm: Militaire dictatuur
Munteenheid: Peso = 1000 escudos
Belangrijkste bevolkingsgroep: Mestiezen (van gemengd Spaans-Indiaanse afstamming)
Taal: Spaans
Godsdienst: Rooms-katholiek 90%, protestant 9%
Klimaat: Varieert van droog woestijnklimaat in het noorden tot subarctisch in het zuiden. Gemiddelde temperatuur in Santiago varieert van 3-14° C in juli tot 12-29° C in januari.
Belangrijkste bestaansmiddelen: Mijnbouw (koper, ijzererts, soda, steenkool); industrie (staal, textiel, conserven); landbouw en veeteelt (graan, suikerbieten, vee, aardappelen, maïs, bonen)
Belangrijkste exportprodukten: Koper, ijzererts, nitraten, steenkool
Inkomen per hoofd (in Am$): 1699

Bevolkingsgroei (per duizend/jaar): 15
Leeftijdsverwachting: Man 65, vrouw 70

Argentinië

Oppervlakte: 2.766.889 km²
Bevolkingsaantal: 31.700.000
Hoofdstad: Buenos Aires (2.908.000 inw.)
Belangrijke andere steden: Córdoba (969.000 inw.), Rosario (876.000 inw.), La Plata (455.000 inw.), Mar del Plata (407.000 inw.), Tucumán (393.000 inw.)
Regeringsvorm: Federale democratische republiek
Munteenheid: Peso = 100 centavos

Belangrijkste bevolkingsgroep: Spaanse afstamming
Taal: Spaans
Godsdienst: Rooms-katholiek 90%, protestant 2%, joods 2%
Klimaat: Subtropisch in het noorden tot subarctisch in het zuiden. Gemiddelde temperatuur in Buenos Aires varieert van –5-14° C in juni tot 17-29° C in januari.
Belangrijkste bestaansmiddelen: Industrie (staal, conserven, textiel, chemische stoffen, automobielen, machinerieën, olieraffinage); landbouw en veeteelt (runderen, schapen, varkens, maïs, graan, katoen, citrusvruchten, alfalfa); mijnbouw (aardolie, gas, steenkool, ijzererts, zout, uranium)
Belangrijkste exportprodukten: Vlees, maïs, graan, huiden, wol, quebracho-extract, lijnzaad
Inkomen per hoofd (in Am$): 2500
Bevolkingsgroei (per duizend/jaar): 16
Leeftijdsverwachting: Man 69, vrouw 73

Uruguay

Oppervlakte: 176.215 km²
Bevolkingsaantal: 3.050.000
Hoofdstad: Montevideo (1.173.000 inw.)
Regeringsvorm: Parlementaire republiek; meerpartijenstelsel
Munteenheid: Nieuwe peso = 100 centésimos
Belangrijkste bevolkingsgroepen: Europese afstamming 85%, mestiezen 10%, mulatten en negers 5%
Taal: Spaans
Godsdienst: Rooms-katholiek 66%, protestant 2%, joods 2%
Klimaat: Gematigd, met de meeste regen in de winter (juli/augustus); gemiddelde temperatuur in Montevideo varieert van 6-14° C in juli tot 17-28° C in januari.
Belangrijkste bestaansmiddelen: Landbouw en veeteelt (runderen, schapen, varkens, rijst, graan, maïs, fruit, groente); industrie (conserven, elektriciteit, leerprodukten, glas, keramiek, meubilair, kleding, hout); toerisme; vis
Belangrijkste exportprodukten: Vlees, wol, leer, vis, rijst, schoenen, glas, keramiek, cement
Inkomen per hoofd (in Am$): 3043
Bevolkingsgroei (per duizend/jaar): 3
Leeftijdsverwachting: Man 69, vrouw 74

Illustratieverantwoording

(l = links; lb = links boven; lo = links onder; r = rechts; rb = rechts boven; ro = rechts onder; b = boven; m = midden; o = onder)

6 lb Dardelet-Explorer; 6 lo M. Bruggmann; 7 b F. Gohier; 7o Silvester-Rapho; 8 b Fogden-B. Coleman Ltd; 8 m A. Robillard; 8 o Andujar-Rapho; 9 Manciet-Gamma; 10/11 McIntyre-Cosmos; 12 b C. Lénars; 12 o Errath-Explorer; 13 F. Gohier; 14 Hermann-Gamma; 14/15 Schwart-Image Bank; 16 b Charliat-Rapho; 16 o A. Lepage; 16/17 Gohier-Pitch; 18/19 Hermann-Gamma; 20 lb Pictor-Aarons; 20 rb Errath-Explorer; 20 o Schwart-Image Bank; 21 Hermann-Gamma; 22 Meyer-Colorific; 22/23 Schwart-Image Bank; 24/25 A. Lepage; 25 F. Gohier; 26 C. Lénars; 27 b M. Buggemann; 27 o M. Bruggemann; 28 Barbey-Magnum; 29 Gerster-Rapho; 30 Schwart-Image Bank; 30/31 Schwart-Image Bank; 32b Dejouy-Explorer; 32 o J. Bottin; 33 A. Lepage; 34 Dejouy-Explorer; 34/35 Duchêne-C.E.D.R.I.; 36 b A. Lepage; 36 o Schwart-Image Bank; 36/37 Duchêne-C.E.D.R.I.; 38/39 F. Gohier; 40 Errath-Explorer; 41 J. Bottin; 42 b Bouillot-Marco Polo; 42 o Bouillot-Marco Polo; 43 Vuillomenet-Rapho; 44 Barbey-Magnum; 44/45 b Schwart-Image Bank; 44/45 o A. Hutchison Lby; 46/47 F. Gohier; 47 b S. Marmounier; 47 o Branchut-A.F.I.P. 48 Francolon-Gamma; 49 M.-L. Maylin; 50 M. Bruggmann; 50/51 Vuillomenet-Rapho; 52 Chapelle-Explorer; 53 Langley-Pictor-Aarons; 54 b Moser-Tayler-A. Hutchison Lby; 54 o S. Held; 55 Moser-Tayler-A. Hutchison Lby; 56 b M.-L. Maylin; 56 o Valentin-Explorer; 57 M. Bruggmann; 58/59 S. Held; 60 Langley-Pictor-Aarons; 60/61 M. Bruggmann; 62 b Moser-Tayler-A. Hutchison Lby; 62 o A. Hutchison Lby; 63 Hinous-Top; 64 b M.-L. Maylin; 64 b M. Bruggmann; 64/65 Régent-A. Hutchison Lby; 66 P. Wallet; 66/67 Moser-Tayler-Hutchison Lby; 68 M.-L. Maylin; 69 Vuilloment-Rapho; 70 b M. Bruggmann; 70 o E. Guillou; 71 C. Lénars; 72 S. Held; 72/73 Silvester-Rapho; 74 b E. Guillou; 74 o M.-L. Maylin; 74/75 Abbas-Gamma; 76 Silvester-Rapho; 76/77 Boirau-Rapho; 78/79 C. Kuhn; 80 Silvester-Rapho; 80/81 Meyer-Colorific; 82 l Vautier-Decool; 82 r F. Gohier; 83 M.-L. Maylin; 84 E. Guillou; 85 Salgado-Gamma; 86 b E. Guillou; 86 o Vautier-De Nanxe; 87 Moser-A. Hutchison Lby; 88 Vautier-De Nanxe; 89 Tweedie-Colorific; 90 E. Guillou; 91 b M.-L. Maylin; 91 o E. Guillou; 92 Errath-Explorer; 93 E. Guillou; 94/95 M.-L. Maylin; 96 l Tweedie-Colorific; 96 r S. Held; 97 F. Gohier;98/99 Edouard-Explorer; 100 b S. Held; 100 o Pictor-Aarons; 101 Tweedie-Colorific; 102 b B. Jourdan; 102 o Régent-A. Hutchison Lby; 102/103 Vuillomenet-Rapho; 104 b F. Gohier; 104 o F. Kohler; 105 C. Lénars; 106 E. Guillou; 107 E. Guillou; 108 Andia-Atlas-Photo; 109 E. Guillou; 110/111 F. Gohier; 112 b E. Guillou; 112 o Barbey-Magnum; 113 Silvester-Rapho; 114/115 Gohier-Pitch; 116 b Jahn-Image Bank; 116 o Boutin-Explorer; 116/117 M. Bruggmann; 118/119 E. Guillou; 120 b E. Guillou; 120 o Barbey-Magnum; 121 M. Bruggmann; 122 A. Robillard; 122/123 Beebe-Image Bank; 124/125 M. Bruggmann;126 M. Bruggmann; 126/127 M. Bruggmann; 127 Villota-Image Bank; 128 Gohier-Pitch; 129 M. Bruggmann; 130 b Frey-Arepi; 130 o F. Gohier; 131 Boutin-Explorer; 132 E. Guillou; 133 E. Guillou; 134 E. Guillou; 134/135 F. Gohier; 136 b E. Guillou; 136 o M. Bruggmann; 136/137 F. Gohier; 138/139 E. Guillou; 140/141 Burri-Magnum; 141 b Burri-Magnum; 141 o E. Guillou; 142 Burri-Magnum; 142/143 F. Gohier; 144/145 F. Gohier; 146 Phillips-Image Bank; 147 P. Smit-Beeldbank; kaarten 148-151 Reader's Digest.